Alles über Teddybären

Peter Ford

Alles über Teddybären

Für Sammler und Liebhaber

BUCH UND ZEIT
BZ

Gestaltung: Peter Bridgewater, Ian Hunt, Stuart Walden
Redaktion: Sally Harper, Elizabeth Nicholson
Fotografie: Nick Nicholson

Für die deutsche Ausgabe:
Genehmigte Sonderausgabe

Umschlaggestaltung: Ruth Esser
Aus dem Englischen übersetzt von Esther Mrasek

Printed in Singapore
ISBN 3-7735-5654-3

Inhalt

Einleitung

OBEN: *Ein Bär, bei dem die Liebe seiner Besitzerin deutliche Spuren hinterließ.*

In den großen Auktionshäusern und auf Antiquitätenmessen wird davon ausgegangen, daß ein Gegenstand neben seinem ästhetischen und kulturgeschichtlichen Wert ein Mindestalter von über 100 Jahren haben muß, um als Antiquität zu gelten. Nach dieser Definition fällt der Teddybär, der seinen hundertsten Geburtstag erst im Jahr 2003 offiziell begehen wird, noch nicht darunter. Er ist strenggenommen noch keine Antiquität, aber ein beliebtes Sammlerstück. Unsere schnellebige Zeit unterliegt häufig wechselnden Modetrends, die oft kein Jahrzehnt überdauern. Gegenstände, die uns heute selbstverständlich begleiten, können schon in wenigen Jahren im Handel nicht mehr erhältlich sein und werden dann zu gesuchten Sammlerobjekten. Das Alter der Gegenstände spielt dabei eher eine untergeordnete Rolle; gesammelt wird von Küchengeräten aus den 50er Jahren über Füllfederhalter aus der Vorkriegszeit bis hin zu den ersten Taschenrechnern aus den 60er Jahren alles, was selten ist und dem persönlichen Geschmack entspricht. Sammlerstücke erzielen bei Auktionen ihren Preis nach Seltenheitsgrad und natürlich nach Qualitätsmerkmalen. Diese Wertmesser gelten auch für Teddybären.

Die deutsche Firma Steiff zum Beispiel stellte fast eine Million Spielzeugbären her, um 1907 der weltweiten Nachfrage gerecht zu werden. Wenn es alle diese Bären heute noch gäbe, könnten wir auf Flohmärkten zweifellos schöne Exemplare günstig erstehen. Durch Liebkosungen und rauhe Behandlung sehen die meisten Bären, alte wie neue, allerdings recht lädiert aus. Nur die stolzen "Überlebenden" stehen in den großen Auktionshäusern zum Verkauf und bringen pro Stück einige hundert oder sogar einige tausend Mark ein. Ein Bär wechselte 1989 gar für die Rekordsumme von 170 000 DM den Besitzer.

Vielleicht sind Teddybären die einzigen Sammlerstücke, die Gefühl und Gewinn so eng miteinander verknüpfen. Allein die Idee, Teddys zu sammeln, läßt niemanden unberührt, denn es werden unwillkürlich Erinnerungen geweckt

RECHTS: *Der teuerste Bär der Welt, ein Steifftier von 1920 aus zwei Sorten Plüsch (blondfarben und braun); er posiert hier für den Auktionskatalog von Sotheby's, in dem er auf 2 000-3 000 DM veranschlagt wurde; verkauft wurde er für stolze 170 000 DM.*

UNTEN: *Eine Gruppe antiker Bären. Der Bär auf allen vieren stammt aus Deutschland (um 1907); der kleine Ja/Nein-Bär (hier sitzend) wurde ca. 1920 hergestellt; der stehende Bär von 1898 ist ein seltener Vorläufer des Steiffbären. Er diente als Kegel.*

FOLGENDE SEITE: *Zwei Miniaturteddys und ein Kaninchen.*

an Teddys, die man als Kind besaß, die jedoch dem Frühjahrsputz und noch radikaleren Aufräumarbeiten sowie "Unfällen" zum Opfer fielen. Weit verbreitet ist inzwischen die Vermutung, daß der alte, längst auf den Dachboden verbannte Familienbär mehr verdient habe als ein bißchen Nostalgie.

Je nach Zustand kann ein Teddybär einen hohen oder sehr geringen Wert haben. Da hohe Preise stets Aufsehen erregen, tauchen Bären und ihre hoffnungsvollen Besitzer regelmäßig

EMON SQUAS
REGISTERED
TRADE MARK
CHAs SOUTHWELL & Co
DOCKHEAD
LONDON, ENGLAND

OBEN: *Eine herrliche Bärensammlung von Barbara und Beneta Brown aus Malvern.*

auf antiken Straßenmärkten auf, und ab und zu kommt dabei ein wertvolles und interessantes Exemplar zum Vorschein. Leider überwiegen aber die Fälle, in denen sich die Erwartungen auf Seiten von Anbietern und Sammlern als zu hoch erweisen.

Teddybärsammler sind sich darüber einig, daß der Hauptbeweggrund für ihr Hobby emotionaler Natur ist. In ihren Augen haben die Bären eine eigene Persönlichkeit, die nicht allein durch ihre originelle Machart zustandekommt. Von Bedeutung ist auch, wie ihre früheren Besitzer sie behandelten, mit ihnen spielten, auf sie eintrommelten oder sie als Kuscheltier benutzten. Ob es uns aber gefällt oder nicht, es ist die im wesentlichen unsentimentale Logik des Auktionssaales, die den aktuellen Wert der Bären bestimmt. Dort zeigt sich, was Sammler für Exemplare aus besonderem Material oder aus einer bestimmten Epoche, je nach Zustand des Bären, zu zahlen bereit sind. Der Markt für Teddybären ist inzwischen so groß wie nie zuvor, und wie bei allen Sammlerstücken hält bei den Auktionen der allgemeine Aufwärtstrend der Preise an. Dadurch wird manch ein begehrter Bär für Sammler mit bescheidenen Mitteln unerschwinglich. Andererseits verdeutlicht dieser Trend, daß bei

Teddybären allgemein mit Preissteigerungen zu rechnen ist, auch wenn die Preise für bestimmte Bären gegenwärtig noch stabil sind. Mit anderen Worten: Wer sich zum Sammeln entschließt, muß sich vorab über Teddybären und deren Geschichte umfassende Sachkenntnisse aneignen.

Dieses Buch ist eine Einführung für angehende Sammler und setzt keine speziellen Vorkenntnisse voraus. Deshalb möchten wir mit zwei oder drei Definitionen beginnen. Teddybärensammler bezeichnet man als 'Arktophile' (aus dem Griechischen: *arcto*, der Bär, und *philos*, der Freund). Das Sammeln von Teddybären wird deshalb 'Arktophilie' genannt. Der Teddybär hat sogar einen eigenen Gattungsnamen, *Bruno Edwardus*, der nur beim echten Teddy Anwendung findet. Dabei gilt es, die Abstammungslinie des Teddys durch alle Stadien seiner bewegten Geschichte hindurch zu verfolgen. Da immer mehr verschiedene Arten von Teddybären auf dem Markt angeboten werden, diskutieren Experten zunehmend darüber, welche Kriterien den wahren Teddy ausmachen. Nur selten, so scheint es, entschließen sich Arktophile dazu, Kinder danach zu fragen, welcher Bär denn aus ihrer Sicht der beste sei.

Sollten Sie sich entschlossen haben, dem Kreis der Sammler beizutreten, können Sie sich jedenfalls auf eine schöne und bewegte Zeit freuen. Während Sie mehr über Bären erfahren, lernen Sie die verschiedenen Typen von Teddys kennen, die in jeder Epoche zu finden sind. Niemals zuvor hatten Sie so viel Gelegenheit, Ihr Wissen über Teddybären zu erweitern. Es gibt spezielle Spielzeugmuseen, ja sogar Bärenmuseen. Enthusiasten laden zu Teddybär-Veranstaltungen. Vereine geben Informationshefte und Zeitschriften heraus. Es gibt Fachauktionen und Spielzeugmessen. Bei all diesen Gelegenheiten kann man andere Sammler treffen, Erfahrungen untereinander austauschen und vor allem viele verschiedene Teddys sehen und miteinander vergleichen.

Dieses besondere Spielzeug geht auf eine Figur zurück, die in der Literatur als 'Meister Petz' bekannt wurde, ihren Freunden jetzt aber unwiderruflich unter dem Namen 'Teddy' geläufig ist. Und wer könnte leugnen, daß einem beim Anblick eines besonders mitgenommenen Exemplares ganz warm ums Herz wird.

OBEN: *Drei Bären aus dem Besitz von Judy Sparrow.*

LINKS: *Diese Auswahl moderner Teddybären mit ihrer stolzen Besitzerin zeigt, wie vielfältig das Angebot an Teddys heutzutage ist.*

1

Die Geschichte des Bären

OBEN: *Ein Eisbär, fotografiert auf dem Eis vor Cape Churchill, Manitoba, Kanada.*

Bären und Bärenkult

Die Geschichte der Bären ist schon seit frühester Zeit eng mit der des Menschen verknüpft. Die Natur hat viele Arten von Großbären hervorgebracht: den Eisbären, den Kragenbären in Süd- und Südostasien, den Braunbären in Sibirien oder Japan, den Grizzlybären in den Rocky Mountains und den Brillenbären in den Anden. Wissenschaftler bestätigen, daß die meisten Bären Honig mögen, was in bestimmten Regionen für Imker ein Problem ist. Letztere schauen natürlich nicht tatenlos zu, wie ihre Bienenstöcke von Bären verwüstet werden.

Ohne Zweifel ist im Tierreich der Bär eng mit dem besten Freund des Menschen, dem Hund, verwandt. Aber anders als der Hund ist der Bär niemals zum Haustier geworden. Ein Bärenjunges mag, so wie Löwen- und Tigerjunge auch, ein bezauberndes Haustier sein, aber wenn das Tier heranwächst, zeigt sich seine Unbezähmbarkeit, und es wird unberechenbar. Menschen haben zu verschiedensten Zwecken Bären aufgezogen und gehalten. Doch in den seltensten Fällen geschah dies zum Vorteil des Bären.

Bären haben etwas sehr "Menschliches". Dies haben die Menschen schon früh erkannt und für Mythen, Legenden und Unterhaltungszwecke genutzt. In seinem Gedicht *Waffenstillstand des Bären* erzählt Rudyard Kipling die bewegende Geschichte vom Schicksal eines alten Bärenjägers, der einmal aus Mitleid zögerte, seine Beute zu töten. Von ihm stammt der Vergleich vom Bären, "der wie ein Mensch geht". Bären gehen in der Tat wie Menschen. Sie gehen auf Sohlen, d. h. sie berühren den Boden zuerst mit der Ferse, und manchmal, wenn sie sich bedroht fühlen, gehen sie sogar aufrecht. In seinem Buch *Unter Tieren* schreibt der Verhaltensforscher James Serpell: "Auch der moderne Teddybärenkult bestätigt ihre liebenswürdigen menschlichen Eigenschaften."

Wo auch immer Menschen und Bären in

OBEN: *Bei diesem Eisbären sieht man deutlich den typischen Buckel.*

unmittelbarer Nachbarschaft lebten, hat die Notwendigkeit, Bären des Fleisches und der Felle wegen zu jagen, zu rituellen Handlungen geführt, die den Tod der Bären sühnen sollten, indem den Bären ein götterähnlicher Status verliehen wurde.

In den deutschen und Schweizer Alpen stellten die Steinzeitmenschen vor 60 000 Jahren Bärenschädel in Höhlen auf. Die Folklore und Mythologie der nordamerikanischen Indianerstämme ist reich an Bärenzeremonien und -geschichten. Die Indianer halten den Bären für eines der schlauesten Tiere.

Die sibirischen Stämme nannten den Bären u.a. 'Großvater' und 'Würdiger alter Mann'. Die Lappen nannten ihn 'König der Wälder' und 'Alter Mann im Pelzgewand'. Für die Ainu im Norden Japans ist er 'Der göttliche Herrscher in den Bergen'. Die Ainu zogen Bärenjunge groß, so als gehörten sie zur Familie. Sie behandelten Bären wie göttliche Besucher, bis sie schließlich geopfert wurden und ins Jenseits zurückkehrten.

Die scheußliche Bärenhatz, so wird vermutet, war ein Relikt des rituellen Bärenopfers. In einer Arena, dem sogenannten Bärengarten, wurden Hunde so lange auf angekettete Bären gehetzt, bis sie sie töteten. In Großbritannien wurde die Bärenhatz 1835 verboten, aber auf den Straßen und Marktplätzen sah man auch weiterhin zur Belustigung der Passanten angekettete Bären mit Maulkörben. Sie waren so dressiert, daß sie tanzten und Purzelbäume schlugen.

"Bären sind brav, wenn man sie nicht reizt", sagte ein alter Wanderschausteller, als er 1860 von dem berühmten Soziologen Henry Mayhew befragt wurde. "Vielleicht", fuhr er fort, "gibt es in England außer mir niemanden, der einen Tanzbären versteht." In Erinnerungen versunken an Ereignisse, die dreißig Jahre zurücklagen, beteuerte er, seine Bärin Jenny sei niemals bei der Bärenhatz gewesen, aber Angebote von Veranstaltern hätte es durchaus gegeben. Die arme Jenny fand in Chester ein jähes Ende, als das örtliche Schiedsgericht den Spruch fällte,

sie solle erschossen und ihr Pelz verkauft werden, nur weil sie nach einer Großveranstaltung einen Tag länger als erlaubt vor Zuschauern aufgetreten war. “Ich konnte nicht zusehen, wie man sie erschoß, und ging ins Wirtshaus rüber”, sagte der Schausteller.

In Charles Chausleys Gedicht *Meine Mutter sah einen Tanzbären* laufen Kinder an einem heißen Sommertag aus der Schule, um einem Bären bei seiner Vorführung zuzusehen. Dieser tanzte in der Gluthitze bis er tot umfiel.

Beim Tanze kam der Besitzer daher
und ließ den Hut herumgehen,
dem Bären brannte das Fell so sehr,
kein Lachen war mehr zu sehen.

Für einen Penny wurde getanzt,
dem Publikum tat es fast weh.
Die Bärenaugen in die Ferne gewandt
waren voll Sehnsucht nach Wald
und nach Schnee.

OBEN: *Die lange Schnauze eines ausgewachsenen Eisbären im Profil.*

LINKS: *Braunbärjunge bei der Fütterung.*

C.E.SWAN.

Die Art von Mitgefühl, die hier zum Ausdruck kommt, und die Entrüstung über die Mißachtung der Natur des Bären führten möglicherweise dazu, daß Bärenaufführungen aus den Straßen verschwanden. Bären waren aber weiterhin zu sehen. Sie wurden in Wandertierschauen, wie zum Beispiel bei Bostock & Wombwell in England, zur Schau gestellt, und sie fanden ihren Platz in den neu entstandenen zoologischen Gärten Europas, die sich zum Ziel gesetzt hatten, fremde Tiere der heimischen Bevölkerung nahezubringen. All das zeigt, daß Bären seit dem finsteren Mittelalter zur Erlebniswelt einfacher Leute gehörten, selbst in Ländern, in denen Bären in der Natur nicht vorkamen.

Der Reiz, den Tiere in menschenähnlicher Gestalt ausüben, kommt immer wieder in Volksgeschichten und Kindermärchen zum Ausdruck. Wie bei den Selkies, auch Robben-Volk genannt, auf den Orkney Inseln, glaubte man vor allem in der Türkei und in Sibirien, daß Bärenmännchen junge Frauen in ihre verborgenen Höhlen entführten, um sich mit ihnen zu vermählen. In Rußland ist der Bär schon lange ein Nationalsymbol und wird in Zeiten internationaler Krisen häufig zum Motiv für Karikaturisten. Der kleine Bär *Mischa* taucht immer wieder in russischen Kindergeschichten auf, und 1980 wurde er sogar das Maskottchen der Olympischen Spiele in Moskau.

Goldlöckchen und die drei Bären ist in Großbritannien eines der beliebtesten Märchen, seit der Hofdichter Robert Southey 1837 seine Version veröffentlichte. Sie erschien in einer Sammlung von Erzählungen, die den Titel *Der Doktor* trug. Angeblich stammte dieses Märchen von einem verwirrten alten Onkel, der eine Vielzahl wunderschöner Geschichten erfand. Viele Jahre glaubte man, es stammt von Southey selbst. In dem Fall wäre es eines der seltenen Volksmärchen, deren Autor namentlich bekannt ist. 1894 fand der Volkskundler Josef Jacobs jedoch Beweise dafür, daß die Geschichte vorher mündlich überliefert worden war. Und 1951 entdeckte man in einem handgefertigten Kinderbuch eine Version in Versform, die sechs Jahre älter war als Southeys Fassung. Iona und Peter Opie zeichnen in ihrer Anthologie *Klassische Märchen* die Entwicklung dieses Märchenstoffs und die Verbreitung des Motivs nach. Ursprünglich handelte die Geschichte von einer alten Frau, die in das Bärenhaus eindrang. In weiteren Versionen wurde diese Figur durch ein kleines Mädchen ersetzt, das 'Silberhaar' oder 'Silberlocke' hieß, bis schließlich 'Goldlöckchen' daraus wurde.

Goldlöckchen ist ein unternehmungslustiges Mädchen, das im tiefen Wald ein seltsames Haus entdeck. Es geht hinein, schaut sich um und entdeckt erst bei der Rückkehr der Hausherren, daß es in einem Bärenhaus ist!

Goldlöckchen und die drei Bären hat laut Iona und Peter Opie Ähnlichkeit mit dem Märchen *Schneewittchen und die sieben Zwerge.* Auch ein norwegisches Volksmärchen weist gewisse Parallelen auf: Es erzählt, wie eine Prinzessin in einer Höhle drei Bären entdeckt, die sich nachts in russische Prinzen verwandeln. Die Unsterblichkeit des Märchens von den drei Bären ist auf Southeys hervorragende literarische Verarbeitung zurückzuführen. Bis auf die Figur der Heldin hat er die ursprüngliche

VORHERIGE SEITE: *Braunbären in einer Buchillustration von V. E. Swan.*

OBEN: *Kiplings Balu zusammen mit Mogli und Baghira aus einer Ausgabe des* Dschungelbuchs, *die S. Tresilian illustrierte.*

OBEN: *Ein Bär raucht Pfeife, bevor er für seinen Herrn tanzt. Illustration aus einem Kinderbuch von 1860.*

Handlung beibehalten. Auch die Bären veränderte er kaum: eine intakte Familie mit einer engen Bindung an Haus und Heim, deren geordnetes Leben durch einen neugierigen Eindringling durcheinandergerät. Sie sind scheinbar gutmütig, können aber gefährlich werden, wenn man sie ärgert.

Abgesehen von seinem festen Platz in der Literatur, vor allem in Legenden und Erzählungen, ist der Bär seit langem ein traditionelles Motiv für Schnitzereien, Ornamente, Figuren und Kinderspielzeuge. Ein weiteres Beispiel sind russische, aus Holz geschnitzte Wandfiguren in Bärenform, die sich wie Hampelmänner bewegen lassen.

Zu der Vielzahl von mechanischen Spielsachen gehören Bären, die eine Leiter hochklettern, die Purzelbäume schlagen oder einfach wie echte Bären laufen. Natürlich gab es vor der Zeit des Teddybären schon Spielzeugbären. Das beweisen die wenigen Exemplare, die heute noch erhalten sind. Angesichts der Fülle von Spielwaren in Bärengestalt stellt sich die Frage, wie sich ein so vielseitiges Motiv

zu einem bestimmten Zeitpunkt zu dem vertrauten Gesicht des Teddybären verdichten konnte.

Zwischen dem Bärenkult unserer Vorfahren und dem Kult der Teddybärenliebhaber von heute scheinen Welten zu liegen. Dennoch kann man eine interessante Verbindung feststellen: Der amerikanische Anthropologe Joseph Campbell wies darauf hin, daß sich der Name König Artus' vom keltischen Wort für 'Bär' ableite und daß es früher einen keltischen Gott mit diesem Namen gegeben habe. Die Sagen des germanischen Helden Dietrich von Bern stammen bereits aus der Zeit um 500 nach Christus, als der ostgotische König Theoderich der Große von Verona aus regierte, den Dietrich von Bern in den Sagen verkörpert. Der Städtename Bern geht auf das deutsche Wort 'Bär' zurück. Was nun die Koseform 'Teddy' anbelangt, so leitet sie sich ab von 'Theodor', und Sie ahnen gewiß schon, wer bei der Taufe des Teddybären Pate stand.

OBEN: *Spaziergang am Bärenkäfig. Aus einem Panorama des Londoner Zoos von 1880.*

LINKS: *Modernes Bärengehege im Zoo von Barcelona.*

LINKS: *Viktorianische Bauklötze und Bilder mit Motiven aus der Geschichte* Goldlöckchen und die drei Bären.

VORIGE SEITE: *Ein Braunbär aus Alaska im Zoo von Barcelona.*

Die Geburt des Teddybären

Experten haben bisher jedwede Diskussion über bestimmte Fakten, die mit der Geburt des Teddybären in Zusammenhang stehen, vermieden. Die meisten Bären-Historiker sind sich jedoch einig, daß sein Geburtsjahr 1903 war und daß sein Name Theodore Roosevelt zu Ehren ausgewählt wurde, der von 1901 bis 1909 Präsident der Vereinigten Staaten war. Davon abgesehen gibt es über die Geburt des Teddybären so viele Mythen und Legenden wie über die prähistorischen Bärenkulte. Die Briten behaupten z. B., der Name Teddy gehe auf Edward VII. zurück, der rundlich und untersetzt war und von seinen Freunden Ted genannt wurde. Diese Theorie kann man jedoch getrost außer acht lassen, da sie nicht wissenschaftlich belegt ist und nur aus patriotischen Gefühlen heraus entstand. Dennoch wird gemutmaßt, daß die Popularität des neuen Spielzeugs in Großbritannien zunahm, weil Edward auf dem Thron war.

Die Geschichte der Erfindungen, ob es nun um die Fotografie, das Fernsehen oder um Penizillin geht, ist geprägt von Rivalitäten, und der Triumph wird nicht immer dem eigentlichen Erfinder zuteil. Oft entscheidet nur der Zeitpunkt darüber, wem eine Erfindung schließlich zugeschrieben wird. Teddybären bilden da keine Ausnahme. Zweifellos wurden schon vor 1903 weiche Stoffbären hergestellt.

Am Anfang der Entwicklung stehen zwei Familienunternehmen: ein kleiner Süßwaren- und Spielzeugladen in Brooklyn, New York, und eine Näherei in Giengen an der Brenz, ca. 80 km östlich von Stuttgart.

Giengen war eine kleine, vom Stoffhandel lebende Gemeinde, die sich zu einem Zentrum der Filzherstellung entwickelt hatte. Dort wurde 1847 Margarete Steiff geboren. Im Kindesalter erkrankte sie an Kinderlähmung und war fortan an den Rollstuhl gefesselt. Um für ihre Familie nicht zur finanziellen Belastung zu werden, kaufte sie eine Nähmaschine und baute sie so um, daß sie die Handkurbel mit ihrer verkrüppelten linken Hand bedienen und den Stoff mit der rechten Hand führen konnte. Dann ließ sie sich als Näherin nieder.

Für ihren eigenen Bedarf stellte sie ein Nadelkissen in Elefantenform her, das bereits ihr feines Gefühl für Form und Gestaltung zeigte. Alle, die es sahen, waren entzückt, und schon bald war die Nachfrage so groß, daß sie

OBEN: *Drei Miniaturbären in einer im Bärenmuseum von Petersfield, Großbritannien, ausgestellten Puppenküche.*

FOLGENDE SEITE: *Ein holzgeschnitzter Bär aus dem Schwarzwald, vermutlich aus den 20er Jahren.*

für die Herstellung weiterer Nadelkissen Hilfe brauchte. Kurze Zeit später produzierte sie 5 000 Elefanten pro Jahr. Als sie dann auch andere Stofftiere aus Filz herstellte, war das Familienunternehmen so erfolgreich, daß ihre fünf Neffen, jeweils mit anderen Aufgabenbereichen betraut, in das Geschäft einstiegen. Bis zur Leipziger Spielwarenmesse im Jahre 1893 hatte sich Margarete Steiff in der deutschen Spielzeugbranche einen Namen gemacht.

Der jüngste ihrer Neffen hatte an der Technischen Hochschule in Stuttgart studiert und die Angewohnheit, im Zoo und im Zirkus Tiere für die Entwürfe neuer Steiff-Modelle zu skizzieren. Die Steiffs probierten offenbar eine Reihe von Bärenmodellen aus. Bären waren zwar nicht so gefragt wie andere Tiere, hatten aber in Richards Augen einen besonderen Charme.

Zur gleichen Zeit wurde der Süßwarenladen in Brooklyn von seinem Besitzer Morris Michtom mit viel Initiative geführt. Michtom war russischer Immigrant, vielleicht lag ihm deshalb die Vorliebe für Bären im Blut. Wie Margarete Steiff war seine Frau eine geschickte Puppen- und Spielzeugmacherin, und ihre Produkte wurden im Laden ausgestellt, um Kunden anzulocken. Am 18. November 1902 entdeckte Michtom im Washington Evening Star eine Karikatur mit dem Titel *Grenzziehung in Mississippi*. Die Karikatur von Clyfford Berryman stellte dar, wie Präsident Theodore Roosevelt sich weigerte, ein angekettetes Bärenjunges zu erschießen. Sie brachte Roosevelts persönliches Eingreifen bei der Schlichtung von Grenzstreitigkeiten zwischen den Staaten Louisiana und Mississippi mit einer Geschichte in Zusammenhang, die damals über ihn erzählt wurde. Eine Bärenjagd, die zur Zeit der Grenzverhandlungen stattfand, endete angeblich mit einer Blamage für die Gastgeber, weil diese nicht in der Lage waren, Bären aufzustöbern, die Roosevelt hätte erlegen können. Sie fanden lediglich ein mitleiderregendes Bärenjunges, das sie an einer Leine ins Camp brachten. Sofort erkärte Roosevelt: "Würde ich diesen kleinen Bären töten, könnte ich meinen Kindern niemals mehr in die Augen schauen."

Roosevelts Image bei den Amerikanern war beinahe heldenhaft, seit er 1898 als Führer der sogenannten 'Rough Riders' im spanisch-ame-

RECHTS: *Diese Karikatur aus der Zeitschrift* Vanity Fair *zeigt Präsident Theodore Roosevelt.*

rikanischen Krieg auf Kuba gekämpft hatte. Seine spektakulären Bärenjagd-Expeditionen förderten dieses Image noch. Denn in jener Zeit galt das Erlegen wilder Tiere als eine Sportart für besonders tapfere Menschen. Heute ist man darüber natürlich anderer Meinung. Berrymans Karikatur, die auf die Südstaatenpolitik anspielte und das Verhalten eines wahren Sportsmannes zeigte, regte die Phantasie der Leser an und brachte Michtom auf eine Idee: Er ließ seine Frau aus braunem Plüsch einen Bären mit beweglichen Armen und Beinen anfertigen, der wie der Bär aus der Karikatur aussah. Den stellte er zusammen mit der Karikatur im Schaufenster aus. Im Nu war der erste, mit dem Namen 'Teddy' assoziierte Bär verkauft, und die Michtoms konnten der daraufhin einsetzenden Nachfrage kaum gerecht werden.

Michtom erkannte die vielversprechenden Geschäftsaussichten seines Produktes und schickte es, so die Legende, ins Weiße Haus, mit der Bitte, diese neue Art von Spielzeug 'Teddy' nennen zu dürfen. Der Präsident soll geantwortet haben: "Ich glaube nicht, daß mein Name dem Image Ihres Stofftieres helfen wird, aber Sie haben meine Erlaubnis, ihn zu benutzen."

OBEN: *Ein restaurierter Steiffbär (vor 1910) in ausgezeichnetem Zustand aus dem* Toy and Model Museum *in London.*

RECHTS: *Drei Bären aus den 30er Jahren aus dem Besitz von Judy Sparrow.*

FOLGENDE SEITE: *Ein Holzschnitt mit einem traditionellen Bärenmotiv; davor ein geschnitzter Bär, vermutlich deutschen Ursprungs, mit russischen Schriftzeichen.*

Da keiner der Briefe mehr existiert, können diese Fakten nicht belegt werden. Nach Pam Hebbs, einer Expertin in Sachen Teddybären, erscheint der Begriff 'Teddy' offiziell zum ersten Mal im Dezember 1906 in einem amerikanischen Katalog. Unbestritten ist, daß die Nachfrage nach Teddybären 1907 ihren Höhepunkt erreichte. Es entbrannte eine regelrechte Bären-Manie. In jenem Jahr erschien auch das von J. E. Bratton komponierte Musikstück *Picknick der Teddybären*, das sehr populär wurde. Zur gleichen Zeit gründete Morris Michtom eine Firma, die später zur Ideal Toy Company von heute heranwuchs. Doch im Zuge der zunehmenden Popularität des Teddybären gab es eine Vielzahl von Imitatoren.

Ungefähr zu der Zeit, als Roosevelt gerade die Grenzstreitigkeiten im amerikanischen Süden schlichtete, versuchte Richard Steiff, seine Tante Margarete davon zu überzeugen, daß die Firma das Bärenmotiv wieder aufnehmen sollte. Nachdem er ein paar seiner Skizzen aus früheren Jahren studiert hatte, kreierte er einen Bären aus Mohairplüsch mit beweglichem Kopf und Gliedmaßen. Instinktiv erkannte Richard, daß dies ein Spielzeug sein würde, mit dem Kinder richtig schmusen und spielen könnten. Zur Probe wurde sogar ein Prototyp an Händler in den Vereinigten Staaten geschickt. Der Bär wurde jedoch damals noch mit Spott entgegengenommen. Nach einigen Änderungen war der neue Steiffbär pünktlich zur Leipziger Messe 1903 fertig. Auch dort schien er keinerlei Beachtung zu finden, bis am letzten Tag der Messe ein Vertreter der Firma Borgfeldt, ein führender New Yorker Spielzeugimporteur, am Stand der Steiffs erschien. Er klagte, er hätte diesmal nichts Neues oder Interessantes in Leipzig entdeckt. Als Richard Steiff daraufhin zögernd seinen Bären hervorholte, der den Namen 'Freund Petz' trug, bestellte der Vertreter gleich 3 000 Exemplare. Ende 1903 stieg die Produktion des Steiffbären Petz erheblich an. Sie stieg weiter, bis 1907 der Spitzenwert von fast einer Million erreicht war. Jenes Jahr, so Pam Hebbs, ist der Firma Steiff bis heute als Bärenjahr in Erinnerung geblieben.

Nun gibt es aber noch eine andere Variante zur Geburt des Teddybären. Die erfahrene Spielzeug-Historikerin Mary Hillier stieß bei

РСКИЙ
ЕД

ihrer Untersuchung der Geschichte des Teddybären auf eine Spur, die nach England führte. In ihrem Buch über Teddybären berichtet sie, daß ein Engländer, ein gewisser Mr. Robinson, die Firma Steiff dazu bewegte, Bären mit Plüschfell herzustellen. Mr. Robinson warb dafür, Plüschmaterial aus Yorkshire bei der Herstellung von Stofftieren zu verwenden, und gewiß war der Yorkshire-Plüsch für das Erscheinungsbild der ersten Teddybären ausschlaggebend.

Theodore Roosevelt wurde zum Präsidenten gewählt und trat die Nachfolge des 1901 ermordeten William McKinley an. Als 1904 die Präsidentschaftswahlen bevorstanden, nutzten Roosevelts politische Berater die Teddybärenlegende werbewirksam aus. So hat der Teddybär möglicherweise zu Roosevelts überragendem Wahlsieg beigetragen. Roosevelt selbst wußte allerdings nicht so recht, was er von den Teddybären halten sollte, und im nachhinein war ihm die ganze Sache reichlich peinlich.

Zum Mythos des Teddybären gehört noch eine letzte Legende, die mit der Hochzeit von Roosevelts Tochter Alice im Jahre 1906 zusammenhängt. Der Gastronom, der die Hochzeit ausrichtete, soll angeblich verzweifelt nach einer geeigneten Tischdekoration gesucht haben, bis er im Schaufenster eines Warenhauses zufällig einen Steiffbären entdeckte. Da er jeden Tisch dekorieren wollte, kaufte er den gesamten Vorrat auf. Und so kam es, erzählt die Legende, daß aus den deutschen Steiffbären ebenfalls 'Teddys' wurden.

Der bekannte britische Schauspieler Peter Bull, ein begeisterter Teddybär-Chronist, hatte einmal die Gelegenheit, Alice Longworth Roosevelt in Washington zu besuchen. Sie hatte ihm verboten, Teddybären zum Interview mitzubringen. Also mußte 'Theodore', Peter Bulls ständiger Begleiter, ein Miniaturbär, in der Jackentasche eingeschmuggelt werden. Auf diese Art wurde 'Theodore' Ohrenzeuge, daß es bei der Hochzeit keine Teddys gegeben hätte, wie anhand der zu diesem Anlaß gemachten Fotos leicht zu erkennen war. Wie dem auch sei, Berryman, der mit seiner Karikatur die ganze Geschichte unabsichtlich ins Rollen gebracht hatte, benutzte fortan seinen kleinen schwarzen Bären zweifellos zu recht als Markenzeichen für seine Arbeit.

Die Frage, nach dem Aufkommen des Teddybären ist so komplex, daß man eine Doktorarbeit darüber schreiben könnte (wenn dies nicht schon geschehen ist). Die Tatsache, daß der amerikanische Präsident Theodore ("Teddy") und der britische König Edward ("Ted") hieß, könnte den Ausschlag gegeben haben. Vielleicht stimmt aber auch Richard Steiffs Vermutung, die Zeit sei reif gewesen, ein Stofftier zum Schmusen zu entwickeln, das Zärtlichkeiten, zumindest in der Phantasie, erwidern könnte.

VORIGE SEITE: *Bär mit einer Miniaturgeige und Kopfhörern.*

UNTEN: *Ein kleiner Steiffbär (24 cm) mit weißem Plüschfell von 1905.*

2

Der klassische Bär

OBEN: *Zwei Bully-Bären, einer mit Matrosenkappe. Bully-Bären wurden von Peter Bull entworfen und von der englischen Firma House of Nisbet produziert.*

Warum ausgerechnet Bären?

Zur Zeit der Geburt des Teddybären schien sich ein positiveres Bild vom Bären entwikkelt zu haben, das die Vorstellung vom wilden, unberechenbaren Tier ablöste. Die Faszination von Bären, die schon in grauer Vorzeit in den Bärenkulten zum Ausdruck gekommmen war, fand ihren Höhepunkt in Gestalt eines Kinderspielzeugs. Dieses muß von besonderer Bedeutung gewesen sein. Wie sonst wäre wohl der Erfolg und das Tempo, mit dem es die Phantasiewelt der Kinder und ihrer Eltern eroberte, zu erklären?

Der Teddybär ist weder unscheinbar noch zu auffällig. Ursprünglich wurde damit geworben, daß der Teddy eine Art "männliche" Alternative zur Puppe sei und sich kein Junge dafür schämen müßte, ihn ins Herz zu schließen. Denn damals gehörte es sich für Jungen nicht, mit Puppen zu spielen. Laut Umfragen ist der Teddy jedoch mit Abstand das beliebteste Spielzeug bei Mädchen im Alter von fünf bis zehn Jahren.

In der Psychoanalyse stellt der Teddybär eine Vaterfigur dar. Nach Dr. Joseph Bierer, dem medizinischen Direktor des Londoner Instituts für Sozialpsychologie, "stellen Teddybären für Kinder Güte, Wohlwollen und Liebenswürdigkeit dar. Eltern, die ihren Kindern dieses liebenswerte, harmlose Spielzeug wegnehmen, stellen eine Gefahr dar." Natürlich gehen Kinder mit Bären nicht immer zärtlich um. Teddys werden genauso oft rauh behandelt wie sie als Vertraute, Verbündete oder Trostspender gebraucht werden. Demnach muß bei Teddybären auch die Bereitschaft zu verzeihen erkennbar sein. Aggressive Kinder im Kindergarten hingegen erkennen schnell, daß man einem anderen Kind weh tun kann, wenn man dessen Teddy mißhandelt.

Das Geben und Empfangen von Liebe und Zuneigung, Wärme und Zärtlichkeit sowie das Vertrauen, das Kinder einer bestimmten Entwicklungsstufe mit ihrem Teddy spielerisch lernen, machen den Wert des Teddybären aus. Kein zweites Spielzeug erfüllt diese Aufgabe auf so nachhaltige Weise. Der Teddybär ist also

OBEN RECHTS: *Der Steiffbär (vor 1910), der auch auf Seite 25 abgebildet ist, im Profil.*

in gewissem Sinne ein Schutzschild für das Kind, bis er eines Tages nicht mehr gebraucht und beiseite geschoben wird. Dennoch werden Teddybären niemals ganz vergessen. Mancher Erwachsene behält seinen Teddy ein Leben lang und räumt ihm einen besonderen Platz in der Wohnung ein.

Im Gegensatz zu früher müssen Erwachsene heute ihre Stofftiere nicht mehr verstecken oder sich gar ihrer Vorliebe für Teddybären schämen. Solche Bären sind mittlerweile Maskottchen und unverzichtbare Symbole für Geborgenheit geworden. Der Teddybär-Fan braucht nicht zu fürchten, daß sein Hobby von anderen belächelt wird, da sich bereits seit Jahren viele angesehene Persönlichkeiten für Teddybären begeistern. Zudem haben die hohen Preise, die in den Auktionshäusern verlangt werden, das Sammeln von Bären in den Augen der Welt zu einem respektablen Hobby werden lassen.

UNTEN RECHTS: *Bär mit Halsband und Maulkorb aus dem* Toy and Model Museum *in London.*

LINKS: *Eine Gruppe von Teddybären im Schaufenster eines Spielzeugladens.*

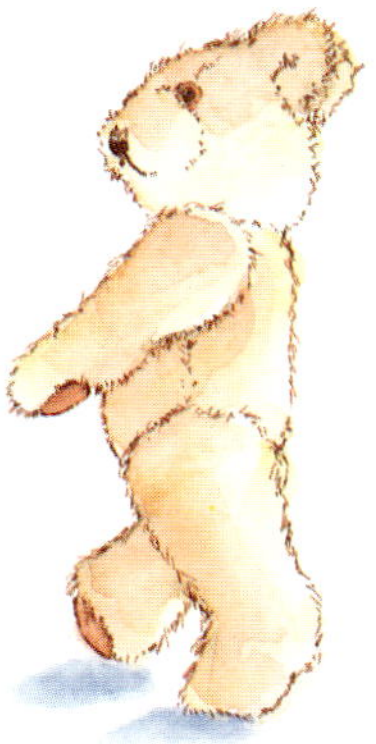

RECHTS: *Ein reizender Teddybär im Seemannsanzug, ca. 1911 von unbekanntem Hersteller gefertigt.*

FOLGENDE SEITE: *Ein gut gekleideter Bär aus dem Besitz von Barbara und Beneta Brown.*

Früher gab es Anzeichen von Furcht, die wilde Natur des Bären könne wieder zum Vorschein kommen. Vor dem Ersten Weltkrieg produzierte die Firma Steiff noch für bestimmte Bärenmodelle eigentlich überflüssige Maulkörbe. Diese Accessoires waren offensichtlich nie besonders gefragt, und heutzutage existieren kaum noch Bären mit Maulkorb. Auch der bekannte Text des Liedes *Picknick der Teddybären*, 1930 von Jimmy Kennedy geschrieben, deutet an, daß die Bären zu wilden Tieren werden könnten, wenn sie sich auf ihre wahre Natur besinnen sollten.

Spielzeugbären-Modelle, die einen echten Bären aus der Natur darstellen, sind dementsprechend selten und können eigentlich nicht als Teddybären bezeichnet werden, so echt sie auch aussehen mögen. Der klassische *Bruno Edwardus* fällt durch seinen Stolz und individuellen Charakter auf. Beim Versuch, den klassischen Bären zu definieren, werden die Attribute des echten Bären immer mehr in den Hintergrund treten. Denn es gibt keinen Teddybären, der nicht mit Phantasie in die "Bärennatur" eingreift.

Was ist ein klassischer Bär?

Es gibt Teddybären, die man gewissermaßen als Prototypen bezeichnen kann. Ihre Zahl ist allerdings sehr gering. Dazu gehört ein winziger brauner Bär mit großen, weit unten am Kopf sitzenden Ohren, der 1984 bei Sotheby's in London versteigert wurde. Der Teddybär war bereits vor 1903 hergestellt worden. Dies bestätigte eine damals über neunzigjährige Dame, die ihn als Baby geschenkt bekommen hatte. Zu den Prototypen gehört auch der Bär Peter, der von den Gebrüdern Süssenguth in Coburg hergestellt wurde. Dieses Modell zeichnete sich durch rollende Augen, eine bewegliche Zunge und realistisch gefertigte Zähne aus und wurde nur zwischen 1925 und 1928 hergestellt.

Diese Beispiele machen deutlich, daß man bei der Beschäftigung mit Bären sorgfältig recherchieren muß. Pam Hebbs zeigte anhand zahlreicher Dokumente, daß eine Reihe dieser Bären 1894 im Original-Katalog von Süssenguth erschienen waren. Mit dem gesprenkelten Fell, den rollenden Augen, der beweglichen Zunge und den sichtbaren Zähnen sahen sie in der Tat

so naturgetreu aus, wie ihr Hersteller behauptete. Dadurch waren sie aber eher angsteinflößende Spielkameraden. Peter Bull bekam einmal für seine Sammlung ein seltenes und sehr wertvolles Exemplar eines Peter-Bären geschenkt. Doch er fand den Bären alles andere als niedlich und mochte ihn nicht in seiner Wohnung haben. Deshalb gab er ihn schließlich weg.

Das angebliche Teddybär-Original von Michtom, das von der Familie Roosevelt gestiftet wurde, ist in einem Glaskasten im Smithsonian Institut in Washington zu sehen. Die Behauptung, es handele sich hierbei um das Teddy-Original, ist bei Experten heftig umstritten. Welches auch immer der erste Stoffbär war, es waren letztlich die Steiffbären, die den Standard für die ersten Teddys setzten. Auffallend ist ihr Modellcharakter für alle anderen Bären der damaligen Zeit. Steiffbären waren und sind unverwechselbar, obwohl sie häufig kopiert worden sind. Vor allem kleinere Bären, deren Hersteller unbekannt oder längst vergessen sind, wurden manchmal als Steifftiere versteigert. Die überwiegende Zahl der ersten Teddybären stammte aus Deutschland oder den Vereinigten Staaten, und es waren in der Mehrzahl Steiffbären. Wie ein echter Steiffbär aussieht, ist deshalb das erste, was ein Sammler wissen muß. Es muß allerdings darauf hingewiesen werden, daß nicht jeder einzelne Teddybär mit seinen charakteristischen Eigenschaften vorgestellt werden kann. Das würde den Rahmen dieses Buches sprengen.

So sieht der frühe Steiffbär aus: Direkt über seiner spitzen, geschorenen Schnauze sitzen schwarze Knopfaugen. Sorgfältig sind am Ende der Schnauze aus Wollgarn eine Nase und ein umgekehrtes V für den Mund aufgestickt. Als Zeichen seines wilden Ursprungs hat er einen deutlichen Buckel. Seine Arme sind lang. Bei einer Größe von 45 bis 75 cm im aufgerichteten Zustand reichen sie bis zu der Stelle, an der die Knie säßen, wenn er welche hätte. Seine Pfoten und Füße sind groß. Er hat kräftige Oberschenkel, die sich nach unten hin verjüngen. Die Füße stehen im rechten Winkel zu den Beinen, und manchmal sind auf die Pfoten und Füße Krallen bzw. Zehen gestickt. Seine Gliedmaßen sind seitlich an Schultern und Hüften befestigt und beweglich. Er kann mit ausgestreckten Beinen sitzen, die Pfoten hoch über den Kopf heben oder auch seine Arme ausstrecken, wobei der Filzaufsatz an Pfoten und Füßen sichtbar wird.

Der Kopf ist wie die Gliedmaßen beweglich und hat den großen Vorteil, daß er um 360 Grad gedreht werden kann. Die recht lose eingepaßten Gelenke der ersten Steiffbären wurden schon bald durch ein verbessertes System aus Metallscheiben oder Hartpappe ersetzt. Das Fell der Steiffbären ist meistens aus Mohairplüsch, den man an seinem längeren Flor und seiner lockeren Webart erkennen

VORIGE SEITE: *Ein Bärenpärchen von Steiff.*

OBEN LINKS UND RECHTS: *Das gleiche Pärchen im Profil.*

kann. Die recht natürlichen Farben reichen von Beige bis Braun. Der relativ harte Körper ist mit Holzwolle oder Sägemehl gefüllt. Excelsior war der Markenname einer besonders feinen Holzwolle, mit der die ersten Stofftiere gefüllt wurden. Im Bauch einiger Bären verbirgt sich ein Mechanismus, der – falls er noch funktioniert – einen Ton erzeugt, sobald man den Bären mit dem Kopf nach unten hält. Dieser Ton ist nicht sehr überzeugend, er gleicht eher dem Muhen einer Kuh.

Ein wichtiges Erkennungsmerkmal darf beim echten Steiffbären nicht fehlen: An seinem linken Ohr hat der Bär einen Metallknopf, den berühmten 'Knopf im Ohr'. Der Knopf ist ein

OBEN LINKS: *Ein intakter Steiffknopf am linken Ohr eines Bären.*

UNTEN LINKS: *Ein Bärenpärchen der Firma Steiff mit hellem Plüschfell von 1908.*

LINKS: *Einer der frühen großen Steiffbären (um 1904) mit weichen Gliedmaßen.*

geschütztes Warenzeichen, das Margarete Steiff 1904 einführte, um den Kunden zu garantieren, daß die Bären Originalprodukte ihrer Firma seien. Ursprünglich wurde mit diesem Knopf ein Etikett befestigt. Der Knopf ist entweder unbeschriftet oder mit dem Namen Steiff geprägt und besteht meistens aus einer Zinnlegierung. Die meisten Etiketten und viele der Knöpfe wurden vermutlich aus Sicherheitsgründen durch die Eltern entfernt, bevor sie den Kindern die Bären zum Spielen gaben. Dennoch findet man gelegentlich Exemplare mit unversehrtem Etikett und Knopf. In den meisten Fällen bleibt jedoch höchstens der Knopf erhalten, und selbst den haben viele Steiffbären im Laufe der Zeit verloren. Manchmal finden sich Steiff-Knöpfe an den Ohren von Bären anderer Hersteller wieder, was den Wert der Bären steigern soll. Der Steiffknopf ist daher für den Sammler nicht ganz unproblematisch als Erkennungsmerkmal.

Alle soeben beschriebenen Merkmale sind natürlich Verallgemeinerungen, und man darf nicht vergessen, daß es von Anfang an Abwei-

VORIGE SEITE: *Zwei Bären aus dem Besitz von Barbara und Beneta Brown.*

OBEN: *Ein mechanischer Bär an einem Reck, hergestellt von den Gebrüdern Bing.*

chungen von diesen Grundformen gegeben hat. Sie stellen aber das Grundmuster dar, auf das sich alle späteren Modelle zurückführen lassen.

Entsprechend der Theorie von der Vaterfigur haben wir bisher für den Teddy die maskuline Form 'er' verwendet, die auch die geläufigste ist. Natürlich haben Teddybären kein spezifisches Geschlecht. Automatisch nehmen sie mit der jeweiligen Kleidung das Geschlecht an, das ihr Besitzer für sie vorgesehen hat, und sie überzeugen im Kleid ebenso wie in Hosen. Lediglich bei bereits vollständig bekleideten Modellen oder Bärenfamilien entwickelten Hersteller in den vergangenen Jahren unterschiedliche Gesichtsformen für 'Bärenherren' und 'Bärendamen'.

Bei der Bestimmung des Alters von Teddybären sind Etiketten und Warenzeichen von ebenso großer Bedeutung wie Veränderungen an ihren äußerlichen Merkmalen. Auf diese Fragen wird in Kapitel 8 genauer eingegangen. Vorerst befassen wir uns mit dem Grundmuster des Bären und dessen Entwicklung bis zum Teddy von heute. Hierbei werden wir uns auf die Geschichte des Bären zwischen dem Ersten und Zweiten Weltkrieg konzentrieren. Die Teddybärenproduktion verlief natürlich nicht linear. In Kriegszeiten wurde weniger gefertigt, da Material knapp und schwer zu bekommen war. Der generelle Aufwärtstrend hielt jedoch in Friedenszeiten unbeschadet an.

Das Bärenfieber, das in den USA etwa 1902 begann und etwas später Großbritannien erreichte (der Begriff 'Teddy' erscheint in britischen Handelskatalogen nicht vor 1909), hielt bis zum Ausbruch des Ersten Weltkrieges an. Zu der Zeit änderte sich das Aussehen der Bären. Statt der angenähten Knopfaugen bekamen sie Glasaugen mit Pupillen, die mit Nägeln

RECHTS: *Eine Gruppe von Schuco-Bären in verschiedenen Farben aus den 20er Jahren.*

oder Drähten am Kopf befestigt wurden. Die Firma Sears Roebuck warb bereits 1912 in ihrem Katalog damit, daß ihre erstklassigen deutschen Plüschbären "alle mit Glasaugen ausgestattet" waren.

Das Fell der Bären hatte vor dem Ersten Weltkrieg die verschiedensten Farben, auch ausgefallene Farbtöne waren darunter. Doch erst nach Kriegsende, in den zwanziger Jahren, kam es zu grundlegenden Veränderungen: Die Teddys gingen in den wilden Zwanzigern mit der Zeit, und bunte Kleidung war gefragt. Aber von Kopf bis Fuß bekleidete Bären hatte es bereits vorher gegeben, um 1906 als das Teddybärfieber ausbrach. Nach 1918 veränderte sich langsam die gesamte Statur der Bären. Der Buckel wurde kleiner, obgleich er noch nicht vollständig verschwand. Die Gliedmaßen wurden kürzer, die Füße stachen weniger hervor (Ende der dreißiger Jahre), und der Bauch wurde immer runder. Rexine ersetzte nach und nach den Filz bzw. Samt an den Pfoten, während die Nasen, sofern sie aus Guttapercha bestanden, dunkler und härter wurden. Als der Buckel schließlich ganz aus der Mode kam, mußte sich manch älterer Bär einer Schönheitsoperation unterziehen.

Da sich rundliche Bären immer größerer Beliebtheit erfreuten, wurden sowohl die Konturen als auch das Füllmaterial der Bären weicher. Zu jener Zeit füllte man Bären häufig mit Kapok. Der Teddy entwickelte sich zusehends zu einem knuddeligen Schmusetier, das vom Sofa purzeln oder die Treppe hinunterfallen konnte, ohne kaputtzugehen. In direktem Zusammenhang mit diesen Entwicklungen stand ein Teddy mit besonders großem Einfluß auf andere Bären:

Klein und dick ist unser Teddybär,
das wundert uns schon lang nicht mehr.
Denn lebt der Bär auch sehr gesund,
ohne Training wird er schnell rund.

Er hatte noch einen winzigen Buckel, wie die Zeichnungen von E. H. Shepard zeigen, und war kein anderer als Edward alias Pu der Bär. Die vier Kinderbuchklassiker von Alan Alexander Milne erschienen in den zwanziger Jahren in folgender Reihenfolge: *Als wir noch klein waren* (1924), *Pu der Bär* (1926), *Jetzt sind wir zu sechst* (1927) *und Pu baut ein Haus* (1928).

OBEN: *Eine Gruppe von Bären aus Harz; diese Modelle von Judith Sparrow werden Big Theodore genannt.*

Für viele Generationen war der legendäre Held dieser Geschichten der Bär schlechthin, obwohl der Illustrator Shepard aus ihm eine so eigentümliche Figur gemacht hatte, daß er nicht unbedingt wie andere Teddybären ausschaute. Somit war Pu der Bär einzigartig und repräsentativ zugleich.

Das Modell für Pu hätte eigentlich der Teddybär von Milnes Sohn Christopher Robin sein sollen, ein zeitgenössischer Steiffbär.

Als Vorlage für seinen Entwurf benutzte Shepard jedoch den Teddy 'Growler' seines eigenen Sohnes, ein älteres Steiffmodell von 1906. Mit viel Phantasie entwickelte er daraus

OBEN LINKS: *Nahaufnahme von Brother Ted, einem Bärenclown von 1927.*

UNTEN LINKS: *Auf dieser Aufnahme von Brother Ted kommt sein als Clownskostüm gestaltetes Fell zur Geltung.*

Pu den Bären. Der rundliche Pu bildete die Grundlage für die Bärengenerationen nach dem Zweiten Weltkrieg.

Nur übergangsweise gab es den Begriff des klassischen Bären, und falls die zwanziger und dreißiger Jahre die Blütezeit des klassischen Teddybären waren, so bildete nach wie vor der Steiffbär das Grundmuster, an dem man sich orientieren kann.

Der unermüdliche Teddybärensammler Peter Bull wurde von der englischen Spielzeugfirma House of Nisbet eingeladen und nach den Kriterien eines perfekten Teddys ohne technische Extravaganzen gefragt. Bull plädierte für eine lange Schnauze, einen Buckel und aufgestickte Krallen an Pfoten und Füßen. Die Tatsache, daß Kinder gern die Stickereien herauszupfen und die Eltern diese dann mühsam wieder in Ordnung bringen müssen, gehöre in seinen Augen einfach mit dazu.

Die Firma Nisbet schuf daraufhin Bully Bär, einen klassischen Teddy (falls es je einen

UNTEN: *Ein Steiffbär auf Rädern mit Lenkung, auf dem Kinder reiten können (um 1918). Zieht man an dem Ring auf seinem Rücken, ertönt ein Brummton.*

gegeben hat), der 1980 von einer Partei des britischen Unterhauses werbewirksam wurde eingesetzt. Zwei Bully-Bären sind auf Seite 31 abgebildet.
Bei jedem Versuch, die klassischen Merkmale des Teddybären zu bestimmen, stößt man jedoch immer wieder auf den Original-Bären, den Richard Steiff für seine Tante Margarete entwarf.

Groß, klein und mobil

Den klassischen Bären gab es in drei Formen: als großen Bären, als Miniaturbären und als Bären auf Rädern. Der große Bär konnte seinen Besitzer an Größe noch überragen. Manche Exemplare waren eineinhalb Meter groß und äußerst geschmacklos. Einige davon waren speziell für große Kaufhäuser hergestellt wor-

OBEN: *Der Paddington-Bär und seine Tante Lucy machen Bekanntschaft mit einem neu eingekleideten Peter-Bären der Firma Süssenguth.*

den und standen in der Weihnachtszeit als Mittelpunkt der Warenauslage in den Spielzeugabteilungen.

Im Gegensatz dazu war die Familie der Miniaturbären wesentlich kultivierter. Steiff stellte bereits 1905 Bären her, die nur 22 cm groß waren, aber echte Mini-Bären messen höchstens 15 cm. In den zwanziger Jahren produzierte die Nürnberger Firma Schreyer den Prototypen eines nur 6 cm großen Teddys. Außen war er mit weichem Mohair überzogen, und in seinem Innern verbarg sich ein Metallgerippe.

Die Bären auf Eisenrädern waren so groß, daß Kinder auf ihnen reiten konnten. Einige waren mit dickem Wollstoff überzogen, doch das Fell von Qualitätsbären war stets aus Mohairplüsch. Steiff hatte immer schon eine Reihe von Stofftieren auf Rädern produziert, darunter waren natürlich auch Bären.

3

Der mechanische Bär

OBEN: *Eine deutsche Spieluhr zum Aufziehen mit tanzenden Bären und ein aufziehbarer Bär aus Zinnblech, der gehen kann.*

Der Bär bewegt sich

Die Geschichte der mechanischen Bären hängt enger mit der Entwicklung von mechanischem Spielzeug zusammen als mit der Geschichte des *Bruno Edwardus*. Angeblich gab es schon im alten Griechenland bewegliche Spielsachen. Im 18. Jahrhundert bauten Uhrmacher in Europa raffinierte und viel bewunderte Figuren, die sich bewegten. Die Automatisierung auf dem Spielzeugsektor ist stets den neuesten wissenschaftlichen Erkenntnissen auf den Fersen. Es handelt sich hier quasi um eine vergnügliche Anwendung von ernsthaften neuen Prinzipien oder technischen Erfindungen. Aufziehbares Spielzeug aus emailliertem Blech wurde in Deutschland und in anderen Ländern billig und in Massen produziert und war im späten Viktorianischen Zeitalter ein beliebter Kinderzimmerschmuck. Unter lustigen Clowns, tanzenden Hunden und Katzen, Kunstradfahrern, Jongleuren und Akrobaten gab es auch Bären, die Kunststücke vollbrachten. Heutzutage sind alle diese Stücke wertvolle Sammlerobjekte.

Deshalb müssen Bärensammler damit rechnen, daß nicht nur sie allein sich für diese Stücke interessieren. Manchmal rivalisieren sie mit Sammlern aus anderen Bereichen. Ein tanzender Bär ist sowohl für den Bärenfreund als auch für den Sammler von mechanischem Spielzeug interessant. Jedes dieser antiken Stücke ist von besonderem Reiz und wird von denen, die es in den Auktionshäusern und Fachgeschäften entdecken, heiß begehrt. Das hat natürlich die Preise, insbesondere für gut erhaltene, noch funktionierende Exemplare, in die Höhe getrieben.

Der Bär ist unter den Uhrwerk-Figuren nur eine von vielen Gestalten. Der Grund, ihn hier herauszugreifen, ist die Aufmerksamkeit, die der Bär durch die außergewöhnliche Beliebtheit des Teddys auf sich gezogen hat. Das gilt auch für Wandfiguren aus Holz mit Hampelmann-Mechanismus. Unter diesen Holzfiguren sind auch Bären zu finden, viele davon stammen aus Rußland. Solches Spielzeug mit Bärenmotiven erhöht die Zahl der Sammlerstücke natürlich.

Eine andere Art von aufziehbarem Spielzeug gab es wiederum nur in Gestalt des Bären. Dieser war individuell geformt und mit echtem Fell überzogen, um den Uhrwerk-Mechanismus zu verstecken. Ursprünglich vollführten

RECHTS: *Zwei aus Holz geschnitzte russische Bären. Der Bär mit der Holzkugel bewegt seine Arme und wäscht sein Junges in der Wanne; der andere haut einen Nagel ins Holz.*

FOLGENDE SEITE: *Ein mechanischer Bär aus Rußland, der applaudieren kann, mit Original-Karton.*

diese erstaunlich echt aussehenden Figuren Kunststücke, die eher für das Wohnzimmer als für das Kinderzimmer gedacht waren. Bald darauf wurden folgende Ausführungen in Massen produziert: Bären, die aufrecht oder auf allen vieren laufen, Bären, die tanzen, Leitern hochklettern, springen oder Purzelbaum schlagen können.

Besonders schöne Exemplare solcher Bären wurden von den Gebrüdern Bing in Nürnberg produziert. Sie waren Hersteller von Küchengeräten und begannen um die Jahrhundertwende mit der Produktion von aufziehbaren Spielzeugfiguren aus Blech. Bing-Bären gab es voll mechanisch oder einfach mit beweglichen Gliedmaßen. Sie sahen ähnlich wie Steiffbären aus, obgleich ihre Ohren kleiner und ihre Nasen etwas flacher waren. Auch sie trugen ein Metallschild im Ohr. Anfänglich trugen die Schilder die Initialen G.B.N. (Gebrüder Bing Nürnberg). Kurz nach dem Ersten Weltkrieg wurde daraus B.W. (Bingwerke). Bing-Bären waren für ihre herrlich bunte Garderobe bekannt, aber es gibt nur noch wenige Exemplare, und auch unbekleidet sind sie sehr wertvoll. Nur bei ganz wenigen Bären sind die Original-Kleider erhalten geblieben.

Zu Beginn der dreißiger Jahre löste sich die Firma Bing auf. Es wurden jedoch weiterhin von der Spielzeugindustrie mechanische Bären hergestellt, zuletzt in großen Mengen in Japan, bis in den sechziger Jahren solches Spielzeug nicht mehr gefragt war.

Für die nachfolgenden Generationen war der mit Schlüssel betriebene Uhrwerk-Mechanismus, wie viele andere Dinge auch, schon ein Stück veralteter Technik und wurde von der batteriebetriebenen Elektronik abgelöst.

Der sprechende Bär

Bei den Bären der Firma Süssenguth, die bereits im vorherigen Kapitel beschrieben

МЕХАНИЧЕСКАЯ ИГРУШКА
ТАНЦУЮЩИ
МЕДВЕДЬ
Артикул ЛГ-085-01-51
СДЕЛАНО В СССР

OBEN: *Ein Pfeifenraucher und ein Trommler: zwei japanische Bären aus Blech mit Batterieantrieb.*

wurden, sorgte ein simpler Mechanismus für die Beweglichkeit der Augen und der Zunge. Doch der einfachste Mechanismus war die Brummstimme, jener Mechanismus im Bauch des Bären, der einen Brummton erzeugte, wenn man den Bären zur Seite oder nach vorne bzw. nach hinten kippte. Manche Bären erzeugten auch einen Ton, wenn man ihnen auf den Bauch drückte. Es versteht sich allerdings von selbst, daß nicht alle ehrwürdigen Bären über intakte Brummstimmen verfügen.

Die ersten Kippmechanismen von Steiff waren nicht sehr zufriedenstellend und wurden daher immer wieder verbessert. In den zwanziger Jahren produzierte die englische Firma Chad Valley ein Sortiment von Bären mit der sogenannten 'Chad Valley Patent-Brummstimme'. Im Vergleich zu späteren Entwicklungen sind Drück- und Kippmechanismen jedoch äußerst primitiv. Das allerneueste auf diesem Gebiet ist der Techno-Bär. Durch einen Mikrochip in seinem Inneren beherrscht er bis zu 400 Wörter.

Solche technischen Wunder hätte Peter Bull zweifellos abgelehnt. Denn was ist ein begrenzter Wortschatz gegen einen Phantasiedialog?

Prinzipiell ist jede Art von klassischem Spielzeug sehr einfach gestaltet, um die Phantasie der Kinder anzuregen und sie nicht einzuschränken. Spielzeug ist für die Entwicklung der kindlichen Phantasie wichtig, und die Wunder der Technik sind alles andere als eine Bereicherung. Sie sind eher das, was ein Kind nach Meinung der Erwachsenen mögen sollte, und nicht das, was es wirklich braucht. Diesbezüglich hatte Peter Bull auf jeden Fall den richtigen Instinkt. Tatsache ist, daß ein redender Bär sehr viel weniger zur Kommunikation beiträgt als ein Bär, der nur dasitzt und uns mit seinen Knopfaugen anschaut. Der Bär als marktfähiges High-Tech-Produkt läuft Gefahr, seine "Menschlichkeit" zu verlieren. Schließlich hängt sein Reiz ausschließlich von den klassischen Eigenschaften des Bären ab, die kurzfristige Modetrends überdauern.

OBEN LINKS: *Dieser Bär fällt durch den düsteren Blick, das weit aufgerissene Maul und sein echtes Fell auf. Er hat einen Uhrwerk-Mechanismus und kann laufen.*

UNTEN LINKS: *Bären mit Dreirad und Roller aus den 30er Jahren.*

UNTEN: *Zwei aufziehbare Schuco-Bären, die Eis essen, mit Plüschfell und Glasaugen.*

FOLGENDE SEITE: *Der große fauchende Bär, ein mechanischer Bär aus Japan mit Synthetikfell; hier mit Original-Karton.*

In ihrem Buch *Teddybären* beschreiben die französischen Bären-Historiker Geneviève und Gérard Picot wie Delegierte bei einer Konferenz in den USA zweierlei Bärentypen überreicht bekamen.

Die Bären für die Männer trugen einen Nadelstreifenanzug, ein weißes Hemd und eine rote Krawatte. Auf Knopfdruck sagten sie mit tiefer Stimme: "Sie sind auf dem Weg zum Erfolg. Sie sind der geborene Gewinner." Die Bären für die Frauen trugen ein weißes Kostüm mit einer rot-weiß gestreiften Bluse, und sanft murmelten sie: "Seien Sie, was sie sein möchten. Sie sind perfekt, absolut perfekt. Mr. Bär sagt, Sie seien ein Gewinner".

Es ist traurig, daß Teddybären dazu benutzt werden, der Yuppie-Generation das zu sagen, was sie zu hören erwartet. Noch trauriger ist die Tatsache, daß über eine halbe Million dieser Pseudobären verkauft wurde.

Neuartige Bären

Der "neue" Bär tauchte schon kurz nach Ausbruch des Bärenfiebers auf. In den Jahren vor dem Ersten Weltkrieg, so Pam Hebbs, waren Bären mehr und mehr in der Lage, alle möglichen Dinge zu tun: Sie brummten, sie nickten mit dem Kopf, und sie fuhren Rad. Es gab auch schon Bären, deren Augen elektrisch aufleuchteten. Peter Bull zitiert dazu in seinem Teddybären-Buch eine Werbung von der Fast Black Skirt Company aus jener Zeit: "Elektrische Leuchtaugen-Teddybären - bewegt man die rechte Pfote, dann leuchten die Augen weiß oder rot auf".

JAPAN
GIANT ROARING BEAR
TRADE MARK
MODERN TOYS

LINKS: *Zwei mechanische Bären; der eine kann stricken, der andere lesen.*

Der Ausbruch des Krieges stoppte die Welle der Neuentwicklungen, aber schon kurz nach Kriegsende ging der Trend weiter. Der Bär mit den Leuchtaugen blieb eine unnötige Gefahr für kleinere Kinder. Bei ihm ging der Einfallsreichtum nicht mit dem nötigen Maß an Sicherheit einher. In ihrem Katalog von 1919 machte die Firma Sears Roebuck deutlich, warum sie solche Bären nicht verkaufte: "...bis jetzt haben wir kein zufriedenstellendes Modell gefunden. Die Batterien sind schnell verbraucht, und die Glasaugen mit dem Glühdraht sind sehr zerbrechlich."

Ebenfalls nach Kriegsende baute die Firma Schreyer und Co. eine neue Fabrik in Nürnberg. Dort spezialisierte sie sich auf die Herstellung mechanischen Spielzeugs und der berühmten Miniaturbären, die in Kapitel 2 beschrieben wurden. Das Warenzeichen der Firma war 'Schuco', und ihre Produkte sind als Schuco-Bären bekannt geworden. Nur Schreyer und Co. stellte die sogenannten Ja/Nein-Bären her: Drehte man ihren Schwanz, konnten die Bären zustimmend nicken oder ablehnend den Kopf schütteln. Dieses simple Patent ermöglichte es, bestimmte Situationen mit dem Bären durchzuspielen und ihn nach Zustimmung oder Ablehnung zu fragen. Ja/Nein-Bären erschienen in den verschiedensten Ausstattungen. Eine war der Ja/Nein-Bär als Hotelpage. Er trug einen eleganten roten Blouson und eine rote Pagenkappe. Außerdem gab es einen Bären, dessen Kopf sich durch das Bewegen des Schwanzes drehen ließ, als ob er hin- und herschaue.

Ferner waren noch die herkömmlichen laufenden oder Purzelbaum schlagenden Bären im Programm sowie ein Bär auf Rollschuhen. Das Warenzeichen 'Schuco' stand auf dem Schlüssel für das Uhrwerk. Aber wie zu erwarten, gingen die meisten davon verloren. Schuco-Bären sind dennoch leicht an ihrer unverwechselbaren Aufmachung und ihrer hochwertigen Qualität zu erkennen.

VORIGE SEITE: *Drei Schuco-Bären aus den 30er Jahren: der sitzende Bär ist ein Ja/Nein-Bär, der stehende ein Tanzbär und der kleine ein Miniaturbär, 8,7 cm hoch.*

RECHTS: *Ein Bär auf einer Spieluhr. Der Zug fährt, begleitet von einer Melodie, immer wieder um den Bären herum.*

FOLGENDE SEITE: *Trinkkameraden: der kleine Bär hat Batterieantrieb, der große einen Uhrwerk-Mechanismus.*

UNTEN: *Der laufende Bär* Minic *mit Original-Karton, hergestellt von der Firma Triang.*

1936 mußte die Firma Schreyer und Co. schließen, weil die Firmeninhaber der Judenverfolgung der Nazis zum Opfer fielen. Nach dem Krieg wurde die Firma wieder aufgebaut und fand in Nordamerika einen breiten Absatzmarkt. Das verdankte sie einem ihrer Direktoren, der vor dem Krieg nach Amerika geflohen war und dort eine Tochterfirma gegründet hatte. Heute haben Schuco-Bären aus allen Epochen einen hohen Sammlerwert.

Zu Beginn der siebziger Jahre wurde Schreyer und Co. endgültig aufgelöst, weil die Firma nicht länger mit der Massenproduktion aus dem Fernen Osten, besonders aus Taiwan und Japan, konkurrieren konnte. Eifrig hatten die Japaner seit den fünfziger Jahren alle möglichen mechanischen Spielsachen in alle Welt exportiert. Darunter waren u. a. Bären, die Schuhe putzten, und solche, die am Tisch saßen und schrieben. Diese Exemplare werden mittlerweile ebenfalls gesammelt.

Auch Steiff produzierte verschiedentlich mechanische Bären sowie Sprech- und Musikbären. Letztere stellen gewissermaßen eine Steigerungsform der sprechenden Bären dar. Einige Bären sind im Prinzip bloß Musikboxen in Bärengestalt. Unter den ersten Spielfiguren aus Zinn ist der Bär oft nur eine sich drehende Verzierung auf Spieluhren. Andere Bären sind wiederum nichts weiter als besonders ausgefallene Wecker. Manche Bären haben sogar ein schlagendes Herz in ihrer Brust, und der Einzug des Kassettenrecorders beschert uns zunehmend sprechende Bären, die nach Honig fragen oder uns Geschichten erzählen. Einige Bären singen Schlaflieder,

PATENT APPLIED FOR
MUSICAL
HYGIENIC
A
LECO
TOY
MADE IN ENGLAND

LINKS: *Ein schöner mechanischer Bär im Clownkostüm, der mit Bällen und Stöcken jongliert; in den 20er Jahren von Moses Kohnstamm in Fürth, Bayern, hergestellt.*

VORIGE SEITE: *Ein englischer Bär der Firma Leco mit beweglichem Kopf. In seinem Innern verbirgt sich ein Musikwerk.*

andere tragen Strophen aus *Picknick der Teddybären* vor.

Als schlimmste Errungenschaft unter den Neuheiten bezeichnete Peter Bull die Bären mit Tonbändern im Kopf. Man braucht nur einen Knopf zu drücken und mit dem Bären zu sprechen. Drückt man dann einen zweiten Knopf, wiederholt er die Worte, die man gerade gesprochen hat, mit einer rauhen, brummigen Stimme. Diese mechanische Wiedergabe der eigenen Worte reduziert den phantasievollen Dialog mit dem Teddy zu einem bloßen Echoeffekt. Sicherlich können Kinder mit einem Bären ohne Tonband genauso gut, wenn nicht besser ins Gespräch kommen. Bei Peter Bull stößt diese technische Errungenschaft auf deutliche Ablehnung:

Allein ihr modernes Erscheinungsbild macht sie zu leicht gespenstischen Tieren, die weder Fisch noch Fleisch sind und die einem nicht ganz geheuer sind. Es ist unvorstellbar, daß sie zuhören oder einfach nur still sind. Von Freundschaft kann keine Rede sein, weil sie irgendwie zu viel Aufmerksamkeit auf sich lenken.

Peter Bull befürchtete, die Spielzeughersteller würden stets beweisen wollen, daß sie in der Lage sind, mit der Zeit zu gehen. Er glaubte, in jeder neuen Saison würde die Spielzeugwelt um einige technische Wunderwerke reicher. Dabei fragt sich der wahre Arktophile, ob moderne Technik jemals klassische Schlichtheit ersetzen kann. Auf Dauer werden sich solche Neuheiten sicher nicht durchsetzen können.

4

DER MODERNE BÄR

OBEN: *Ein Teddy in Regenbogenfarben.*

Veränderungen und Anpassungen

Beim Teddybären, ohne den sich viele Erwachsene eine Kindheit nicht mehr vorstellen können, hat es zu viele Veränderungen in Form und Gestalt gegeben, als daß man sie alle aufzählen könnte. Viele Eltern glauben, daß zur Kindheit ein Teddybär gehöre. So gab es zum Beispiel zu Kriegszeiten die verschiedensten Teddys aus Stoff- und Wollresten. Sie wurden nach gekauften Schnittmustern oder einfach mit Phantasie geschneidert bzw. gestrickt. Die Vorstellung, daß ein Teddy Streßsituationen meistern hilft, ist weit verbreitet, und das Bild eines Flüchtlingskindes, das sich auf der Reise ins Ungewisse an seinen Teddy klammert, erfüllt uns mit Wehmut.

Wer seinen Teddybär selbst macht, hat natürlich ein wirkliches Einzelstück. Auch wenn man nach einem Schnittmuster arbeitet, kann man eigene Ideen mit einbringen, z.B. durch die Farbauswahl. Reizende, niedliche und rührende Teddys, die von Amateuren gemacht wurden, tauchen auf Flohmärkten, Kunstmessen und Wohltätigkeitsveranstaltungen auf. Einige sind gestrickt oder gehäkelt, andere aus Lumpen, Lappen oder Filz gefertigt.

Als Frankreich von den Deutschen besetzt war, passierte etwas Kurioses: Es gab keine Einfuhrbeschränkungen für Schaffelle aus Nordafrika. Aufgrund der großen Importmenge kam daraufhin in Frankreich ein Bärenmodell mit Schaffell auf den Markt (ähnliche Bären wurden auch in Großbritannien hergestellt).

In den vergangenen Jahren hat sich die Gestalt des Teddys durch technische Entwicklungs- und Fertigungsverfahren weiter verändert. Es werden mehr Kunststoff- als Glasau-

FOLGENDE SEITE: *Strickbär, vermutlich um 1960 in Frankreich entstanden.*

RECHTS: *Ein Schnittmusterbuch von* Bestway *aus den 40er Jahren mit Anleitungen für einen Strickbären, eine Kinderrassel und ein Rotkäppchenkostüm für Puppen.*

gen verarbeitet, und die meisten Teddys, die für einen breiten Markt produziert werden, haben auch Kunststoffnasen. Die Entwicklung der Kunstfaser hat es möglich gemacht, daß Bären ohne Risiko für Fell oder Füllmaterial in der Waschmaschine gewaschen werden können. Mit den Synthetikfasern kamen auch synthetische Farben auf. Das fällt am deutlichsten bei der Serie der Care-Bären auf: Neonfarbenes Fell, kitschiges Design und Namen wie *Good Luck Bear* und *Funshine Bear* lösten bei Teddybärensammlern einen Sturm der Entrüstung aus. Man fragt sich, was die eigentlich Betroffenen, die Kinder, bloß mit ihnen anfangen sollen.

Gesundheits- und Sicherheitsvorschriften haben die Machart der Bären zusätzlich beeinflußt. Sie bestimmen heutzutage, welches Material innen und außen verwendet wird. Der Gedanke, der gute Teddy könnte Gesundheit und Wohlbefinden beeinträchtigen, erscheint zunächst absurd, doch viele Teddys älteren Datums würden den heutigen Anforderungen nicht entsprechen. Heute müssen Fell und Stoff feuerfest sein. Es dürfen keine toxischen Dämpfe entstehen, wenn die Teddys in die Nähe einer Flamme kommen. Die Augen dürfen sich nicht herausziehen lassen, weil sonst scharfe Nägel oder Drähte zum Vorschein kommen. Die Nähte an den Bären sollten fest sein, damit sie nicht so schnell aufreißen. Das gilt besonders dann, wenn sich im Inneren ein

RECHTS: *Das runde Profil eines englischen Bären aus den 30er Jahren.*

FOLGENDE SEITE: *Eine Gruppe moderner Stoffbären, die klassische Elemente mit modernen Materialien kombinieren.*

Mechanismus oder ein Stützapparat mit scharfen Kanten verbirgt, den das Kind herausziehen könnte. Färbemittel und Farbstoffe müssen selbstverständlich wasserfest und ungiftig sein.

Besonders zur Weihnachtszeit gelangt importiertes Spielzeug in Massen auf den Markt, darunter sind Bären, die mit Augennägeln, oder solche, die aus leicht brennbarem Material hergestellt sind. Deshalb sollte man nie billige Teddys auf Straßenmärkten kaufen. Diese könnten sich schnell als gefährliche Spielkameraden entpuppen. Einmal entdeckt, werden sie gewöhnlich direkt aus dem Verkehr gezogen.

Am deutlichsten wurde das Erscheinungsbild des Teddybären zuletzt durch die verschiedenen Arten von Latexfüllungen verändert, die seit den fünfziger Jahre verwendet werden und den Teddy viel anschmiegsamer machen. Der Trend zu weichen, runden und pummeligen, aber dafür leichteren Bären hält an. Oft sind Arme, Beine und Kopf nicht mehr beweglich, aber die Bären sind äußerst strapazierfähig. Sie machen jedes Spiel mit und gehen nicht so leicht kaputt wie Teddys mit Gelenken.
Die fühlbare Qualität der neueren Modelle, ihre Wärme, Weichheit und Geschmeidigkeit, führt uns an den Typus heran, den man als psychologisch wertvollen Teddy bezeichnet. Hiermit ist der Teddy gemeint, mit dem Kinder am meisten anfangen können. Man kann sogar vom therapeutischen Bären sprechen.

Bransgore Bears

Der Bär als Therapeut

Der Teddy, in dessen Brust ein "Herz" schlägt und der so Lebendigkeit vorgaukelt, ist einzigartig und von medizinischem Nutzen. In den USA wurden Tests auf frühkindlicher Stufe durchgeführt. Dabei gab man Säuglingen, die zwischen einer und sechzehn Wochen alt waren, eine bestimmte Art von Bär. Bekannt als *Dakin Rock-a-Bye Baby Bären*, erzeugen sie die Töne, die ein Fötus im Mutterleib hört. Die Studie bestätigte einen beruhigenden Effekt dieser Bären auf Babys, die sich in den ersten sechzehn Lebenswochen noch an den neuen Lebensraum gewöhnen müssen.

Wir möchten in diesem Zusammenhang genauer untersuchen, welche Rolle der Teddybär im Leben eines Kindes spielen kann. Alle Experten im Bereich der Kinderfürsorge bestätigen, daß Spielsachen wichtig für die emotionale Entwicklung und zunehmende Lernfähigkeit des Kindes sind. Ein Lieblingsspielzeug – mit großer Wahrscheinlichkeit ein Teddy, wie wir gesehen haben – ist ein sogenanntes Übertragungsobjekt. Am Beispiel des Bären lernt das Kind, Schwierigkeiten zu überwinden, beispielsweise die Angst, von der Mutter getrennt zu werden. Es baut Verlustängste ab sowie das beklemmende Gefühl, nachts alleine oder an einem fremden Ort in ungewohnter Umgebung zu sein. Wenn das Kind spielerisch lernt, mit anderen Menschen umzugehen, zärtlich zu sein und sich zu behaupten, kann der Bär als Vermittler auftreten.

Die Grundidee des therapeutischen Bären ist, daß dieser alle Erfahrungen mit dem Kind teilt. Einmal erfuhr Peter Bull von einem Bären, der ganz kurze Arme hatte, wie ein Contergan-Opfer. Seiner Meinung nach wurde es hier mit der Identifikation zu weit getrieben. Seit vielen Jahren findet man Teddybären auch auf den Kinderstationen der Krankenhäuser, wo sie großartige Dienste leisten. Sie erhalten Verbände, und sie schlucken bittere Medizin. Sie machen alles durch, was die Kinder im Krankenhaus erleiden müssen. Das gilt auch für Operationen und die damit verbundenen Narben und Nähte. Es gibt viele Fälle, die belegen, daß Kinder eine schwere Krankheit besser durchstehen, wenn ein Teddybär mit ihnen das Krankenbett teilt. Die berühmte britische Spielzeugfirma Merrythought wurde sogar einmal beauftragt, einen Teddy herzustellen, der mit Hilfe eines Schlauchsystems ein Narkosemittel verabreichen konnte und so von der damals noch erschreckenden Szenerie des Operationssaales ablenkte.

Es gibt wohl kein zweites Beispiel für eine so vollkommene Philanthropie, wie sie im Lebenswerk Russel McLeans zum Ausdruck kommt. McLean, der Nachwelt als 'Teddybär-Mann' bekannt, versuchte, einen Traum zu verwirklichen. Er lebte in Ohio und wußte

LINKS: *Hier steht ein Teddy einem kleinen Jungen während einer Visite des Arztes im Krankenhaus bei.*

allzugut, was ein Krankenhausaufenthalt für Kinder bedeutet, da er selbst schon von frühester Kindheit an Probleme mit der Gesundheit gehabt hatte. Nach seiner Idee sollte jedes Kind, das ins Krankenhaus eingeliefert wurde, einen Teddy bekommen. Anfangs konnte er die notwendigen Gelder aus staatlichen Wohlfahrtsfonds beziehen, aber schon nach kurzer Zeit finanzierte sich das Projekt durch Spenden selbst. Hier ein Dankesbrief einer Mutter:

Lieber Mr. McLean,

zuerst hielt ich nicht viel von Ihrem Projekt. Ich dachte, die Kinder haben sowieso schon alle ein Lieblingsspielzeug. Wozu also ein neuer Teddy? Dann fand ich es heraus: Unsere vierjährige Tochter hatte einen Unfall, und im Krankenhaus zu sein, machte ihr Angst. Bis dann dieser kleine Teddy kam, das einzige, was in dem Moment helfen konnte. Unsere Tochter ist heute erwachsen, aber ihren Teddy hat sie immer noch.

OBEN: *Eine Tasche für Gasmasken im Teddybär-Design. Solche Taschen wurden zu Beginn des Zweiten Weltkrieges an kleine Kinder in Großbritannien ausgehändigt.*

FOLGENDE SEITE: *Zwei farbenfrohe Bären aus Harz.*

Der Fernsehjournalist Jim Ownby führte nach dem Tode Russel McLeans im Jahre 1969 dessen Arbeit fort und erweiterte sie. 1973 gründete er in Hawaii, wo er arbeitete, die Organisation Good Bears of the World. Das Ziel der Organisation war (und ist es noch), allen Kindern mit einem Bären Trost zu spenden, die in Krankenhäusern oder anderen Einrichtungen eine schwere Zeit durchmachen. Dank einer britischen Sektion gibt es in Großbritannien in vielen Krankenhäusern Teddybären, und das Personal kann den einzigartigen therapeutischen Wert dieser liebenswerten Geschöpfe nur bestätigen. Die ausgesprochen trostspendende Wirkung des Teddys hängt eng mit dem psychologischen Übertragungseffekt zusammen. Der Bär kann stellvertretend für den kleinen Patienten Schmerzen erleiden, Behandlungen erdulden, er kann die Rolle des Arztes oder der Krankenschwester ebenso wie die der Eltern oder des Patienten übernehmen. An ihm lassen sich neue Situationen, die auf das Kind zukommen, durchspielen und durchlittene Situationen können aufgearbeitet und bewältigt werden – sicherlich eine große Aufgabe für einen kleinen Bären.

Freunde und nahe Verwandte des Bären

Kinderliteratur über Bären, Filmproduktionen (besonders Zeichentrickfilme) und Kinderserien im Fernsehen hatten großen Einfluß auf das Angebot an Bären, die in der Nachkriegszeit im Spielzeughandel erhältlich waren. Man streitet darüber, ob diese Spielzeugbären im engeren Sinne überhaupt Teddybären sind. Zweifellos nehmen sie aber einen festen Platz im modernen Bärenkult ein.

Bären in der Literatur werden im nächsten Kapitel ausführlich besprochen. Zunächst geht es um Bären, die als Vermarktungsprodukte durch Fernsehserien ins Leben gerufen wurden. Sie zielen in erster Linie auf die Anhänger der jeweiligen Serie. Nach seinem Erscheinen

im englischen Fernsehen wurde *Sooty*, ein kleiner gelber Handpuppenbär, zu einem großen kommerziellen Erfolg. Er war eine Erfindung Harry Corbetts, der einen solchen Bären zum ersten Mal in einem Laden am Nordpier in Blackpool gesehen hatte. Damals trat er an seinen freien Abenden als Zauberer auf Kindergeburtstagen auf, und ihm kam sofort die Idee, diesen kleinen Bären zu seinem Assistenten zu machen.

Ein zufälliger Fernsehauftritt führte wenige Jahre später zur erfolgreichen Mediengeburt Sootys, und Corbett nahm Abschied von seiner eher nüchternen Karriere als Elektroingenieur. Um auf dem Bildschirm eine bessere Wirkung zu erzielen, färbte er die Ohren der kleinen Handpuppe schwarz (Farbfernsehen gab es noch nicht) und begeisterte fortan Generationen von Kindern mit seinem Spiel. Viele Zuschauer, die ihre Freude an den lustigen Streichen des frechen kleinen Bären hatten, der, unterstützt von dem schlappohrigen Hund Sweep, die Zaubervorstellungen Corbetts ganz schön durcheinanderbrachte, besaßen ihre eigenen Exemplare von Sooty und seinem Freund Sweep. Ebenso von Soo, dem kleinen Pandabären-Mädchen, das ebenfalls in der Fernsehsendung auftrat. Noch heute sind die Teddys aus der Sendung Verkaufsschlager in Großbritannien.

In Frankreich hatte die Bären-Figur *Gros Nounours* einen vergleichbaren Fernseherfolg. Von 1960 an war sie in über tausend Episoden zu sehen. Vorbild für Gros Nounours war angeblich der Teddy aus der älteren englischen Serie Andy Panda. Im Gegensatz zum frechen Sooty trat Gros Nounours als Verbündeter des Sandmännchens auf. Er erzählte den Kindern eine Gutenachtgeschichte und schickte sie dann ins Bett. Es wird behauptet, daß sich 1962 der Absatz von Teddybären in Frankreich allein durch Gros Nounours verdreifachte. Die Serie gibt es nicht mehr, aber als Gestalt bleibt er unvergessen.

Was das Kino betrifft, so ist der Einfluß Walt Disneys unverkennbar, besonders durch seine erfolgreichen Zeichentrickfilme. Zwei berühmte Bären sind darin vertreten: Pu der Bär von A.A. Milne und Balu aus Rudyard Kiplings *Dschungelbuch*. Obwohl diese Nachahmungen nicht jedermanns Geschmack sind, eroberten Pu und Balu von Disney die Spielzeugläden und Kaufhäuser in aller Welt. Deshalb kann

UNTEN: *Ein* Sooty *auf einem Dreirad und eine Sooty-Handpuppe; beides Produkte der Firma Chad Valley.*

OBEN: *Mike Hardings* Super Ted, *immer zu einer guten Tat bereit.*

man sie nicht einfach außer acht lassen. Eines Tages werden auch sie wertvolle Sammlerstücke für Anhänger des Bärenkultes sein.

Der Bär *Super Ted* ist eine neuere Figur, die. ihre Popularität sowohl Filmen als auch Büchern verdankt. Wie sein menschliches Vorbild Superman, fliegt er durch die Lüfte, um andere zu retten. Von einer Spielzeugfirma weggeworfen, prallt er zu Beginn der Geschichte mit einem Raumfahrer zusammen und wird mit magischem Staub bestreut. Wie die Sooty-Handpuppen und die nach Zeichnungen von Hanna Barbera entstandenen Disney-Bären Pu und Yogi werden auch Super Ted-Modelle für Fans produziert. Dadurch haben sie eine andere Stellung als herkömmliche Teddybären, da sie nicht um ihrer selbst willen, sondern wegen der Leinwandfigur, die sie verkörpern, gekauft werden.

Das Interessante an Super Ted ist aber, daß er seine Kräfte zum Wohle der Menschen

VORHERIGE SEITE: *Zwei seltene mechanische Bären aus Frankreich: der tanzende Bär rechts stammt ungefähr aus dem Jahr 1890, der linke Bär, der die Leiter hochklettert, wurde ca. 20 Jahre später hergestellt.*

OBEN: *Aufgrund seiner Seltenheit und seiner außergewöhnlich reizvollen Erscheinung wurde der große Pandabär aus China das Symbol des World Wildlife Fund.*

FOLGENDE SEITE LINKS: *Ein junger Eisbär.*

FOLGENDE SEITE RECHTS: *Dieser Eisbär aus den 50er Jahren kann seinen Kopf bewegen. Inspiriert wurde der Hersteller von der Geburt des Bären Bruma 1949 im Londoner Zoo.* Bruma *war das erste in Gefangenschaft geborene Eisbärjunge.*

einsetzt. Aus dem Blickwinkel der Teddybär-Tradition betrachtetet, erscheinen Super Teds Kräfte vielleicht übertrieben für einen Teddy, dafür hat er aber sein Herz am rechten Fleck.

Was ist aber mit Tieren, die mehr oder weniger wie Bären aussehen, aber eigentlich keine prototypischen Teddybären sind? Eisbären z. B. sind unter den Teddys keine Seltenheit und gehören ohne Zweifel zur Gattung der Großbären. Aber wie steht es mit dem Panda, der entwicklungsgeschichtlich gewissermaßen einen Cousin des Großbären darstellt?

Als Stofftiere erschienen Pandas zum ersten Mal 1936, als der erste der seltenen großen Pandas aus China in den USA eintraf. Das Motiv des Pandas erlebte vor nicht allzu langer Zeit einen erneuten Boom, weil der Panda Symbolfigur des *World Wildlife Fund* wurde (kürzlich zu *Word Wide Fund for Nature* umbenannt). Dadurch ist er allgemein zum Symbol für die Erhaltung bedrohten Lebens geworden.

Auch der Dachs ist ein Cousin des Bären, doch als Stofftier ist der Dachs niemals wirklich ein Teddy, sondern bleibt mit seinen charakteristischen Streifen stets durch und durch ein Dachs. Der Dachs, den E. H. Shepard für Kenneth Grahames Buch *Der Wind in den Weiden* zeichnete, weist vielleicht noch am ehesten menschliche Züge auf.

Im Gegensatz dazu scheint der Koala, der sein Junges im seinem Beutel trägt, zweifellos als Motiv für einen Teddy in Frage zu kommen, obwohl er als Beuteltier zu einer ganz anderen Tierart gehört. Der Versuch der Briten, ihren König Edward VII. mit der Erfindung des Teddybären in Verbindung zu bringen, hing interessanterweise mit einem Koala zusammen. Es hieß, Edward habe sich, als er noch Prinz von Wales war, im Londoner Zoo sehr für einen Koala interessiert.

Wenn man noch weiter ausholt, stößt man auf die *Wombles of Wimbledon Common* von Elisabeth Beresford, die vor einigen Jahren in Großbritannien sehr populär waren. Die Originalgeschichten wurden für das Fernsehen verfilmt.

Die Wombles sind Tiere einer der Wissenschaft bisher unbekannten Gattung, die in unterirdischen Bauten leben. Dennoch könnten sie ihrer äußeren Erscheinung nach zu

urteilen mit dem Bären oder Koala verwandt sein.

Wenn wir die heimatliche Erde verlassen, treffen wir auf die *Ewoks*. Zum ersten Mal erscheinen diese intelligenten, bärenähnlichen Wesen in dem Film *Die Rückkehr der Jedi Ritter*, dem sechsten Teil des Kinoepos *Krieg der Sterne*. Sie sind längst Teil der menschlichen Phantasie geworden und waren auch in anderen Filmen der Serie zu sehen. Gleichzeitig fand man sie zwischen Teddybären in den Regalen vieler Geschäfte. Ein weiterer bärenähnlicher Außerirdischer, der zur Zeit durch das Fernsehen sehr populär ist, ist *Alf*.

Bevor wir uns dem nächsten Thema zuwenden, sei noch die Verwendung von Bären als Automaskottchen genannt. Diese Maskottchen haben oft Saugnäpfe an den Pfoten, damit man sie besser an den Innenseiten der Autofenster befestigen kann. Sie sehen aus wie kleine Imitationen der knallig bunten Care-Bären-Modelle und sollen das Autofahren offenbar lustiger machen. Wir können sicher sein, daß selbst diese Geschöpfe mit der Zeit an Attraktivität gewinnen und eines Tages zu Sammlerstücken werden.

Der Prozeß, den das Erscheinen der ersten Teddybären ins Rollen gebracht hat, ist noch lange nicht beendet, und es stehen zweifellos noch viele Entwicklungen bevor, die Morris Michtom und Margarete Steiff in Erstaunen versetzt hätten.

5

Bären in der Literatur

OBEN: *Notenbuch, Plattencover und Acrylschallplatte in Bärenform des Klassikers* Picknick der Teddybären*; ausgestellt im Londoner* Toy and Model Museum.

Es ist wichtig, zwischen "Teddybärbüchern" und Büchern, in denen neben anderen Figuren auch Teddybären auftauchen, zu unterscheiden. Die erste Gruppe ist größer und umfaßt hauptsächlich Kinderbücher. Die zweite Gruppe ist wesentlich kleiner und kann hier vernachlässigt werden. Romanciers, Dramatiker und Filmproduzenten bauen hin und wieder einen Teddybären in die Handlung ein, um einen sentimentalen, ironischen oder sogar grotesken Effekt zu erzielen, doch es lohnt sich nicht, diese Fälle näher zu verfolgen, da sie zur Gattungsgeschichte der Teddybärenliteratur wenig beitragen.

Hier soll nur auf die wirklichen Teddybärenklassiker eingegangen werden. Es versteht sich von selbst, daß Originalausgaben von Teddy-Büchern aller Epochen sehr gefragte Sammlerstücke sind.

Pu der Bär

Hier ist Bär Edward, er kommt gerade mit Christopher Robin die Treppe herunter. Bum, Bum, Bum, schlägt sein Hinterkopf auf die Stufen auf. Das ist, soviel er weiß, die einzige Art, die Treppe herunterzukommem. Aber manchmal denkt er, es müßte doch auch anders gehen. Wenn doch nur für einen Moment das Gepolter aufhören würde, würde ihm bestimmt etwas einfallen. Aber dann denkt er: Es geht vielleicht doch nicht anders.

Uns wurde soeben der im englischen Sprachraum, wenn nicht sogar weltweit bekannteste Bär aus der Literatur vorgestellt. Es handelt sich um A. A. Milnes' Bären Pu, der, wie wir bereits erfahren haben, einem realen Teddybären nachempfunden war, dem Teddy

RECHTS: *Der von Patrick und Molly Matthews geschaffene Bär Edward in* Teddy Edward auf dem Land *(1962), einem der ersten Bücher der Serie.*

FOLGENDE SEITE: *Ein Bär aus* Deans Rag Book *aus den 40er Jahren.*

von Christopher Robin, dem Sohn des Autors.

Die Geschichte von Pu dem Bären repräsentiert auf typische Weise das gehobene Mittelstandsmilieu der zwanziger Jahre in England mit seinen Kindermädchen und Kinderschwestern. Das war allerdings kein Hinderungsgrund für den Siegeszug Pus in anderen Ländern und Kulturen, und schon bald bezauberten die Geschichten Kinder in allen europäischen Ländern. Dieser Erfolg dauert bis heute an. Besonders beliebt ist Pu der Bär in Rußland, wo er *Vinni Pukh* heißt. Selbst Studenten der klassischen Philologie können seine Abenteuer in lateinischer Übersetzung lesen. Sie erschien 1961 unter dem Titel *Winni Ille Pu* und wurde von Dr. Alexander Lenard erstellt.

Als A. A. Milne begann, die Geschichten von Pu aufzuschreiben, hätte er kaum gedacht, daß er der Nachwelt gerade wegen dieser Bücher im Gedächtnis bleiben würde, auch noch lange nachdem seine erfolgreichen Boulevardstücke für die Londoner Bühne und seine humorvollen Aufsätze für den *Punch* längst vergessen waren. Alles begann mehr oder weniger zufällig. Der Teddy von Christopher Robin Milne war ein Produkt der Firma Farnell und wurde 1920 dem kleinen Christopher zum Geburtstag gekauft. In seiner Autobiographie *Verzauberte Orte* erinnert sich Christopher Milne daran, wie er sein Geburtstagsgeschenk im Kaufhaus Harrod's aussuchte:

Da ist eine Reihe von Teddybären in einem Spielzeugladen. Alle haben die gleiche Größe und den gleichen Preis, und doch sind sie alle verschieden. Einige sehen fröhlich, andere traurig aus, einige hochnäsig, andere liebenswert. Und vor allem einer, der da drüben, sieht besonders lieb aus. Das ist genau der, den ich bitte haben möchte.

Diesen Teddy, der damals noch *Edward* hieß, nahm Christopher überall hin mit. Die beiden waren unzertrennliche Spielkameraden, nur gelegentlich, wenn Christophers Mutter Dorothy mitspielte, durften auch andere Stofftiere am Spiel teilnehmen.

Die Dichterin Rose Fyleman brachte A. A. Milne auf den Gedanken, Kinderbücher zu schreiben. Sie hatte Milne gebeten, für ihre Kinderzeitschrift einen Beitrag beizusteuern. So begann er, Verse zu Papier zu bringen, aus denen im Laufe der Zeit die Bücher *Als wir noch klein waren* und *Jetzt sind wir zu sechst* wurden. Die Idee, ausgerechnet die Geschichten von Pu niederzuschreiben, entstand, als eines Tages Sir Nigel Playfair, ein sehr bekannter Theateragent, bei den Milnes zu Besuch erschien. Der illustre Gast hatte kaum Platz genommen, da kam Christopher Robin die Treppe herunter und sagte: "Was für ein komischer Mann! Was für ein komisches rotes Gesicht!" Als seine Eltern ihn wegen dieser ungezogenen Worte ermahnten, verteidigte er sich damit, daß nicht er, sondern Pu gesprochen habe.

Das ist ein klassisches Beispiel für die Personifizierung eines Stofftieres. "Der Pu in meinen Armen, der Pu, der mir beim Frühstück gegenüber saß, war derselbe Pu, der auf der Suche nach Honig auf Bäume kletterte, der im Kaninchenbau steckenblieb und der eigentlich ziemlich dumm war", schrieb Chistopher Milne viele Jahre später. Abgesehen von der Vorliebe für Honig hat Pu nichts mit einem echten Bären gemein. Mary Hillier ist der Ansicht, daß allein Shepards Zeichnungen den besonderen Reiz der Bücher ausmachen. Zwar ist Pu der Bär ohne die Zeichnungen nicht vorstellbar, dennoch wird dieses harte Urteil Milnes' Geschichten nicht gerecht. Der Autor und Kritiker John Rowe Townsend kommt in seiner Untersuchung über Kinderbücher zu einem völlig anderen Ergebnis:

Die Bücher über Pu enthalten eine Reihe von Episoden, an die man sich nach mehrmaligem Lesen gerne erinnert... Neben diesem nostalgischen Vergnügen wird der Erwachsene, der sich den Pu-Geschichten erneut zuwendet, ihren literarischen Wert schätzen, denn Milne war ein begnadeter Schriftsteller. Er schrieb gute Unterhaltung im besten Sinne des Wortes und blieb seinem Genre stets treu. Und gute Autoren der leichten Muse sind sowohl in der Kinder- als auch in der Erwachsenenliteratur ein seltenes und willkommenes Phänomen.

Die Geschichten *Pu der Bär* und *Pu baut ein Haus* haben längst einen festen Platz in der klassischen Kinderliteratur, die von Lewis Carrols *Alice im Wunderland* über Marc Twains *Tom Sawyer* bis zu Daniel Defoes *Robinson Crusoe* reicht. Diese Bücher regen die kindliche Phantasie an, sind aber aus verschiedenen Gründen auch ein wahrer Genuß für erwachsene Leser. Die Pu-Bücher unterscheiden sich von den anderen insofern, als ihnen ein zugrundeliegendes Muster aus Träumen fehlt, sie sind dennoch in keinster Weise eindimensional. Alan A. Milne und Shepard sind zu gleichen Teilen an der Geburt Pus beteiligt. Beiden gebührt die gleiche Anerkennung, Milne für die literarische Vorlage und Shepard für die kongeniale zeichnerische Umsetzung. Jeder, der mit Pu-Büchern groß geworden ist, hält die Zeichentrickfigur von Walt Disney für eine schlechte Nachahmung des Shepard-Originals. Aber man kann auch von einem wahren Pu-Fan keine objektive Meinung zu dieser Frage erwarten.

Die Schattenseite des Pu-Erfolges war, daß Christopher Milne es als große Belastung empfand, einziger Sohn Alan Milnes und Besitzer des berühmten Bären Pu gewesen zu sein. Seine Mutter beschrieb einmal, wie eigentlich alles anfing:

Ständig spielten wir kleine Episoden mit Pu und den anderen Tieren aus dem Kinderzimmer... wir kamen uns alle beide etwas lächerlich dabei vor... Wenn ich an damals zurückdenke, sehe ich immer Pu und meinen kleinen Jungen vor mir. Mit seinen großen braunen Augen und dem strohblonden Haar.

1952 schrieb Christopher, daß er seinen Vater eigentlich selten zu Gesicht bekommen habe. Zudem war der Vater der Meinung, er könne nicht gut mit Kindern umgehen. Es war stets die Mutter, die zum Spielen ins Kinderzimmer kam. Später erzählte sie dann ihrem Mann von den Abenteuern mit den Stofftieren. Soweit sich Christopher erinnern kann, wußte er "nichts von den Geschichten, bis sie veröffentlicht wurden. Meine Großmutter las sie mir dann vor."

Als er später seine Autobiographie schrieb, war dieser enttäuschte Unterton nicht mehr so markant. Ihm war klar geworden, daß der Vater das Bedürfnis hatte, mit seinem Sohn zusammen verschiedene Stufen seiner Kindheit noch einmal zu durchleben. Das Buch *Verzauberte Orte* war

LINKS: *R. K. Culvers Illustration* Die Roosevelt-Bären im Ausland *(1907) zeigt, wie die Helden König Edward VII. treffen.*

UNTEN: *Clyfford Berrymans berühmte Karikatur von 1902, die das Teddybärenfieber ins Rollen brachte.*

für ihn ein Stück Vergangenheitsbewältigung: "Leider weigerte sich der erfundene Christopher Robin zu sterben, und er und sein Namensvetter aus dem wirklichen Leben kamen nicht immer gut miteinander aus."

Billy Bluegum

Was der Bär Mischa für Rußland ist, das ist Billy Bluegum für Australien. Doch während der Ursprung Mischas vor vielen Jahrhunderten in der mündlichen Überlieferung zu finden ist, hat Billys Geburt ein präzises Datum. 1904 druckte die Wochenzeitschrift *Bulletin* die Zeichnung eines selbstbewußten, in der Stadt aufgezogenen Koalas, der ins tiefste australische Hinterland ziehen will, um seinen Artgenossen die Vorzüge der Zivilisation nahezubringen. Die Zeichnung war von Norman Lindsay, einem bekannten Autor und Illustrator.
Billy Bluegums Abenteuer wurden mit den Jahren zu einer Reihe von Karikaturen und Geschichten verarbeitet.

Die Roosevelt-Bären

Die Roosevelt-Bären Teddy-B und Teddy-G (Braunbär und Graubär) tauchen erstmals 1905 in den USA auf. Ihr Markenzeichen ist ihre ungezügelte Reiselust. Kreuz und quer führt sie ihr Weg durch die Vereinigten Staaten, von den Rocky Mountains bis nach New York. Die in Versen geschriebenen Geschichten von Seymour Eaton wurden in den verschiedensten amerikanischen Zeitungen abgedruckt und waren bald sehr beliebt. Für die Illustrationen waren eine Reihe von Zeichnern verantwortlich. Die bekanntesten waren Floyd Campbell und R. K. Culver. Vier Sammelbände mit den Abenteuern der Bären wurden veröffentlicht. Sie handeln von deren Reisen im In- und Ausland sowie von ihrer kniffligen Detektivarbeit.

Bei der Lösung ihrer Fälle waren auch zahlreiche Figuren aus Kindergedichten beteiligt. Teddy-B und Teddy-G sind mannsgroße, ausgewachsene Bären. Sie sehen nicht wie Stofftiere, sondern wie wilde Tiere aus, dennoch gehören sie zur Bärenliteratur, da sie die ersten sind, die den Zusammenhang zwischen Theodore Roosevelt und dem Stofftier der Firma Michtom herstellten. Durch ihre große Popularität wurde möglicherweise das Wort 'Teddy' eng an den Artnamen 'Bär' gebunden, so daß es heute gleichbedeutend ist.

Bären im Land von Oz

L. Frank Baum, der amerikanische Autor des bekannten Klassikers der Kinderbuchliteratur *Der Zauberer von Oz*, bereichert in den späten Bänden seine phantastischen Charaktere durch Bären. Der im folgenden beschriebene Bär aus *Die verlorene Prinzessin von Oz* ist aufgrund der Beschreibung ohne Zweifel ein echter Teddy:

Der Bär war rund und wuschelig, sein Körper kugelrund und seine Arme und Beine hatten offenbar Gelenke an Knien und Ellbogen, die mit Stiften und Nieten an seinem Körper befestigt waren. Seine Ohren standen lustig ab. Seine schwarzen Augen glänzten und schimmerten wie dunkle Perlen.

Er trägt eine Spielzeugpistole um die Schulter gehängt und entpuppt sich als Wachmann, der den Marsch zu der Stadt Bear Center überwacht, in der ein mächtiger Zauberer namens *Big Lavender Bear* herrscht. Der Wachmann hat ein Fell aus "erstklassigem Plüsch" und eine "Füllung bester Qualität". Daß es sich um einen Teddybären handelt, steht also außer Frage.

UNTEN: *Bär Rupert auf einem Motorroller; ein mechanisches Spielzeug mit Original-Verpackung.*

OBEN LINKS: *Drei Bärenbücher: Chris Temples* Kleiner Brauner Bär, *eine originalgetreue Nachbildung von* Moving Picture Bears *in Form eines Daumenkinos und der* Rupert-Sammelband *von 1969.*

Rupert der Bär

Merkwürdigerweise brachte Großbritannien erst ziemlich spät Bären in der Literatur hervor. Der erste britische Märchenbär erschien vor dem Ersten Weltkrieg in der kleinen anonymen Publikation *Das Märchen vom Teddy mit den leuchtenden Augen* (1909). Ferner gab es Harry Goldings Geschichten von *Tim Tubby Toes* (1913). *Big Teddy* und *Little Teddy*, von Honor C. Appleton illustriert, tauchten erstmals 1917 in den Josephine-Büchern von H.C. Craddock auf.

Seit 1920 gibt es Rupert den Bären. Die Tageszeitung *Daily Express* suchte nach einer originellen Idee, um mit der Comicfigur Teddy Tail des *Daily Mail* konkurrieren zu können. Mary Tourtel, eine bekannte Pilotin und Ehefrau eines Redakteurs des *Daily Express*, schuf Rupert für die erste Episode

UNTEN LINKS: *Ein Thermometer mit dem Bären Rupert.*

UNTEN: *Das Pop-up-Buch* Rupert im Garten *(1975).*

einer Comic-Geschichte mit dem Titel *Kleiner einsamer Bär*. Frau Tourtels Comicfigur hatte sofort Erfolg. Sie selbst zeichnete den Comicstrip fünfzehn Jahre lang. 1935 übernahm Alfred Bestell diese Aufgabe, der sie noch weitere dreißig Jahre erfüllte. Als auch er sich 1965 zur Ruhe setzte, arbeitete fortan ein ganzes Team von Illustratoren an den Bildgeschichten.

Die Abenteuer von Rupert und seinen Freunden gibt es heute noch als Fortsetzungsgeschichten. Nur die ländliche Idylle der frühen Jahre hat sich der Zeit angepaßt: Heute lauert dem Bären auch schon einmal ein außerirdisches Wesen, ein Zauberer oder Kobold auf.

Die Geschichten von Rupert waren schon immer sehr phantasievoll. In all den Jahren wurden sie von Millionen von Kindern gelesen, sowohl in der Zeitung als auch in den Rupert-Sammelbänden. Kein Rupert-Fan stört sich daran, daß der Bär eigentlich ein kleiner Junge mit Bärenkopf ist.

Prosper

Neben Nounours, der, bevor er ein Fernsehstar wurde, in Zeitungen und Comic-Heften erschienen war, gab es in Frankreich einen

weiteren Comicstrip-Helden in Bärengestalt: Er hieß Prosper und wurde 1933 von dem Karikaturisten Alain Saint-Ogan für die Zeitung *Le Matin* entworfen. Prosper war ein Eisbär mit dürren Armen und Beinen. Er trug einen Nasenring und eine Kette, die ihm von einer unglückseligen Begegnung mit der Zivilisation geblieben waren. In all seinen Abenteuern muß er sich in einer ihm feindlich gesonnenen Welt mutig behaupten.

Den Durchbruch erzielte aber erst *Gros Nounours* in den 60er Jahren. Diese Bärengestalt führte dazu, daß "Nounours" in Frankreich zum allgemeinen Begriff für Teddybär wurde.

OBEN: *Ein Rupert-Modell aus Harz und die Publikation* Weitere Rupert-Abenteuer.

Der Paddington-Bär

Ab den dreißiger Jahren kann man von einer Teddybärentradition in der Kinderliteratur sprechen. Die *Mary-Plain-Bücher* von Gwynedd Rae, deren erstes 1930 veröffentlicht wurde, erschienen noch bis in die fünfziger Jahre. Biffo der Bär gab 1948 in *Beano* sein Debüt und war ebenfalls bis in die fünfziger Jahre sehr populär. In jenem Jahrzehnt wurde aus Harry Corbetts Sooty ein Star. Zum herausragendsten Phänomen jener Jahre entwickelte sich jedoch der Paddington-Bär, dessen Abenteuer 1958 mit dem Buch *Ein Bär namens Paddington* von Michael Bond begannen.

Pu mag ursprünglich aus dem Kaufhaus Harrod's gekommen sein, aber das Vorbild für Paddington stammte von Selfridge's. Bei seinen letzten Weihnachtseinkäufen im Jahr 1956 entdeckte Michael Bond dort auf einem leergeräumten Regal einen einsamen Bären und kaufte ihn als Geschenk für seine Frau. Nach wenigen Tagen kam ihm die Idee, eine Geschichte über den Bären zu schreiben, und zwei Jahre später kam die erste Sammlung von Paddington-Geschichten mit Illustrationen von Peggy Fortnum in den Buchhandel. Es sollten noch viele Bücher und andere Produkte folgen, sogar Fernsehsendungen. Es entstand quasi eine ganze Paddington-Industrie.

Der Bär wird am Bahnhof Paddington entdeckt, so erzählt die Geschichte, nachdem er dort auf mysteriöse Art und Weise aus dem tiefsten Peru angekommen ist. Er hat nur einen Sonnenhut und einen verbeulten Koffer bei sich. Um seinen Hals hängt ein Zettel mit der Aufschrift: "Bitte kümmern Sie sich um diesen Bären. Danke." Paddington wird dann eine Art Pflegebär der Familie Brown. Die Geschichten leben von dem Durcheinander, das der Bär unabsichtlich bei alltäglichen Dingen, z.B. beim Einkaufen, bei Familienbesuchen oder im Kino, anrichtet.

Jährlich werden 100 000 Paddington-Stoffbären verkauft, die stets dem englischen Wetter entsprechend mit Dufflecoat, Regenhut und

UNTEN: *Figuren des Bären Paddington. Hintere Reihe: eine Kerze und eine Spardose; vorne: Salz- und Pfefferstreuer.*

weiteren Comicstrip-Helden in Bärengestalt: Er hieß Prosper und wurde 1933 von dem Karikaturisten Alain Saint-Ogan für die Zeitung *Le Matin* entworfen. Prosper war ein Eisbär mit dürren Armen und Beinen. Er trug einen Nasenring und eine Kette, die ihm von einer unglückseligen Begegnung mit der Zivilisation geblieben waren. In all seinen Abenteuern muß er sich in einer ihm feindlich gesonnenen Welt mutig behaupten.

Den Durchbruch erzielte aber erst *Gros Nounours* in den 60er Jahren. Diese Bärengestalt führte dazu, daß "Nounours" in Frankreich zum allgemeinen Begriff für Teddybär wurde.

OBEN: *Ein Rupert-Modell aus Harz und die Publikation* Weitere Rupert-Abenteuer.

Der Paddington-Bär

Ab den dreißiger Jahren kann man von einer Teddybärentradition in der Kinderliteratur sprechen. Die *Mary-Plain-Bücher* von Gwynedd Rae, deren erstes 1930 veröffentlicht wurde, erschienen noch bis in die fünfziger Jahre. Biffo der Bär gab 1948 in *Beano* sein Debüt und war ebenfalls bis in die fünfziger Jahre sehr populär. In jenem Jahrzehnt wurde aus Harry Corbetts Sooty ein Star. Zum herausragendsten Phänomen jener Jahre entwickelte sich jedoch der Paddington-Bär, dessen Abenteuer 1958 mit dem Buch *Ein Bär namens Paddington* von Michael Bond begannen.

Pu mag ursprünglich aus dem Kaufhaus Harrod's gekommen sein, aber das Vorbild für Paddington stammte von Selfridge's. Bei seinen letzten Weihnachtseinkäufen im Jahr 1956 entdeckte Michael Bond dort auf einem leergeräumten Regal einen einsamen Bären und kaufte ihn als Geschenk für seine Frau. Nach wenigen Tagen kam ihm die Idee, eine Geschichte über den Bären zu schreiben, und zwei Jahre später kam die erste Sammlung von Paddington-Geschichten mit Illustrationen von Peggy Fortnum in den Buchhandel. Es sollten noch viele Bücher und andere Produkte folgen, sogar Fernsehsendungen. Es entstand quasi eine ganze Paddington-Industrie.

Der Bär wird am Bahnhof Paddington entdeckt, so erzählt die Geschichte, nachdem er dort auf mysteriöse Art und Weise aus dem tiefsten Peru angekommen ist. Er hat nur einen Sonnenhut und einen verbeulten Koffer bei sich. Um seinen Hals hängt ein Zettel mit der Aufschrift: “Bitte kümmern Sie sich um diesen Bären. Danke.” Paddington wird dann eine Art Pflegebär der Familie Brown. Die Geschichten leben von dem Durcheinander, das der Bär unabsichtlich bei alltäglichen Dingen, z.B. beim Einkaufen, bei Familienbesuchen oder im Kino, anrichtet.

Jährlich werden 100 000 Paddington-Stoffbären verkauft, die stets dem englischen Wetter entsprechend mit Dufflecoat, Regenhut und

UNTEN: *Figuren des Bären Paddington. Hintere Reihe: eine Kerze und eine Spardose; vorne: Salz- und Pfefferstreuer.*

Gummistiefeln bekleidet sind.

Nach Paddington hielten noch weitere Bären Einzug in die Literatur, zum Beispiel die *Shoe-Shop-Bären* von Margaret J. Baker. Dazu inspiriert wurde sie von einer Gruppe von Bären in einem Schuhgeschäft in Devon, die für die Unterhaltung der jüngsten Kunden zuständig waren.

In den frühen achtziger Jahren erschien Peter Bulls *Bully Bär*. Er basierte auf dem Modell des idealen Bären, das die Firma Nisbet mit Bulls Hilfe entworfen hatte.

Die Geschichten von Bully Bär werden wohl nicht in die große Teddybären-Literatur eingehen. Dazu ist Bully Bär ein zu eigenwilliger Charakter.

UNTEN: *Der Paddington-Bär mit seinem Schöpfer Peter Bond und seiner Tante Lucy.*

Andere Bären

Wie bereits erwähnt, tauchen Bären ab und zu als Randfiguren in traditioneller Literatur auf. In dem Stück *Lieber Tintenfisch,* 1938 von Dodie Smith geschrieben, kommt ein sehr pathetischer Bär namens Symp vor, der nur noch einen Arm hat. Dennis Potters vom Fernsehen verfilmter Roman *Blackeyes* erzählte von dem alternden, halb senilen Schriftsteller Kingsley, der sich an

OBEN: *Ein typischer Paddington-Teddybär.*

RECHTS: *Erstausgaben einer Reihe von Paddington-Büchern, im Vordergrund zwei Stoffbücher.*

einen Bären klammert, bis er ihm gestohlen wird.

Der berühmteste Bär der Literatur bleibt jedoch Aloysius aus Evelyn Waughs *Wiedersehen in Brideshead,* der zum ersten Mal zusammen mit seinem aristokratischen Besitzer unter den Oxford-Studenten der zwanziger Jahre erblickt wurde.

> *Lange bevor ich Sebastian kennenlernte, kannte ich ihn vom Sehen. Das war unvermeidlich, da er von der ersten Woche an durch seine außergewöhnliche Schönheit und sein exzentrisches Benehmen, das scheinbar keine Grenzen kannte, der auffälligste Mann seines Jahrgangs war. Das erste Mal sah ich ihn am Eingang des Friseurs Germer, und bei dieser Gelegenheit beeindruckte mich weniger sein Aussehen als vielmehr die Tatsache, daß er einen riesigen Teddybären bei sich trug.*
>
> *"Das", sagte der Friseur, als ich Platz nahm, "war Lord Sebastian Flyte. Ein höchst amüsanter junger Gentleman."*

Vom Friseur erfährt der Erzähler, daß Sebastian soeben eine Haarbürste mit Elfenbeinüberzug und sehr harten Borsten gekauft habe und darauf den Namen *Aloysius* eingravieren ließ. Damit wolle er den Teddybär nicht bürsten, sondern ihm eine Tracht Prügel androhen, wenn er launisch oder ungehorsam sei.

Die Fernsehserie, in der einer von Peter Bulls Bären den Aloysius spielte, hat Aloysius einem breiten Publikum bekannt gemacht. Interessanterweise soll Aloysius auf den Bären Archibald Ormsby-Gore von Sir John Betjeman zurückzuführen sein, der zur selben Zeit wie Evelyn Waugh in Oxford studierte.

Archibald taucht sowohl in Betjemans Autobiographie *Von Glocken gerufen* als auch in der Geschichte *Archie und die strengen Baptisten* auf. Letztere ist zum einen eine literarische Kuriosität und zum anderen ein Leckerbissen für Arktophile. Sie erzählt uns viel über Archie, der eine Schwäche für Höllenfeuer-Theologie hat und wie sein Besitzer Gefallen an Einrichtungs- und Gebrauchsgegenständen des 19. Jahrhunderts, z. B. patentierten Öllampen, findet.

Es könnte kein besseres Beispiel für die Ausgewogenheit von Nostalgie und Exzentrik geben, die einen wesentlicher Teil der Teddybär-Mythologie ausmacht.

UNTEN: *Weitere Paddington-Artikel: Pantoffeln, ein Wandteller und ein Radio.*

6

Die Bären der Prominenz

LINKS: *Teddybär mit Nasenring und Kette, eine Erinnerung an die Zeit der Tanzbären.*

Peter Bull

Es gibt Bären mit berühmten Besitzern und Bären, die ihre Besitzer berühmt gemacht haben. Ferner gibt es Bären, die selbst berühmt sind und berühmte Teddybär-Sammlungen. Darum soll es in diesem Kapitel gehen, und beginnen wollen wir mit Peter Bull, der wie kein zweiter zur heutigen Popularität des Teddybären beigetragen hat. Der Tod des 72jährigen Sammlers im Jahre 1984 war ein schmerzlicher Verlust für alle Teddybär-Enthusiasten.

Bevor er zur Bühne ging, hatte Bull Anfang der dreißiger Jahre kurze Zeit als Journalist gearbeitet. Seine Bühnenkarriere wurde durch den Krieg unterbrochen, aber nach Kriegsende machte er sich als überzeugender Charakterdarsteller einen Namen. Er spielte und prägte die Rolle des Pozzo in *Warten auf Godot,* der ersten Londoner Produktion von Samuel Beckett, und die des Mönchs Tetzel in John Osbornes *Luther.* Zu den Filmen, in denen er mitwirkte, gehören *Oliver Twist, African Queen* und *Tom Jones.* Offensichtlich befriedigte ihn sein Leben als Schauspieler nicht ganz. Und so begann er, eine humorvolle Autobiographie zu verfassen, die vier Bände umfassen sollte.

1969 verband er seine Freude am Schreiben mit seiner Begeisterung für Teddybären und veröffentlichte *Das Teddybärbuch,* die Erstausgabe seines Standardwerkes, die später noch erweitert und überarbeitet werden sollte. Er war, offen gesagt, überrascht von der Reaktion. Auf der ganzen Welt traten Leute hervor und bekannten sich öffentlich zu ihrem Faible für Teddybären. Es folgte ein intensiver Briefwechsel mit all diesen Arktophilen, der Peter Bull viele Freunde und viel neues Material einbrachte.

Ihm wurden auch elternlose, pflegebedürftige Bären geschickt, und bis zu seinem Tod war seine persönliche Teddybär-Sammlung auf zweihundert Bären angewachsen. Nach seinem Ableben fanden diese "Waisenkinder" ein neues Heim im Londoner Toy and Model Museum in Craven Hill, das auch das Archiv des Bären Paddington beherbergt.

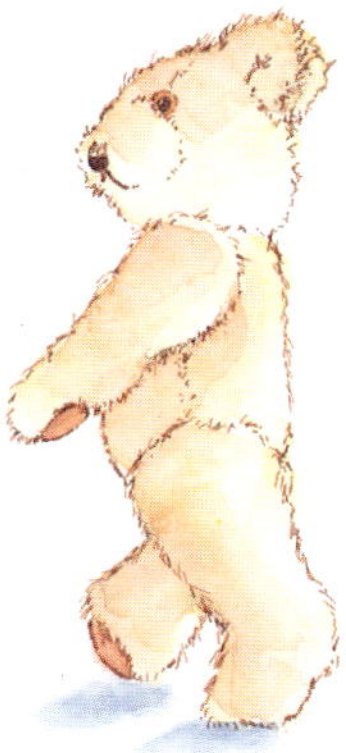

Bulls Leidenschaft für Bären wurde geweckt, als er in den Ferien aus dem Internat zurückkam

RECHTS: *Der Bär Sophie der Schauspielerin Liza Goddard.*

FOLGENDE SEITE: *Der Bär der Romanschriftstellerin Barbara Cartland, der Großmutter von Prinzessin Diana. Er trägt den ausgefallenen Namen* The Prince of Love.

und feststellte, daß seine Mutter seinen Teddy für eine Wohltätigkeitsveranstaltung gestiftet hatte, weil sie glaubte, er sei mit sechzehn Jahren zu alt für derartiges Spielzeug. Es stellte sich heraus, daß sehr viele Menschen ähnliche Traumata erlebt hatten, als ihr vielgeliebter Teddy verloren ging.

Peter Bull hatte einen Lieblingsbären: *Theodore*, ein winziger, sechs Zentimeter großer Bär, der auf Reisen sein ständiger Begleiter wurde. Er trug ihn in seiner Jackentasche und schmuggelte ihn, wie wir wissen, bei einem Treffen mit Präsident Roosevelts Tochter Alice ein. Durch seine Auftritte in Talk-Shows hatte Theodore einen großen Kreis von Bekannten und Brieffreunden. Dazu zählten so noble Bären wie *Clarence*, der Teddy des Marquis von Bath. Peter Bull betrachtete sich selbst nicht als Sammler. Im Inneren seines Herzens wäre er mit einem Bären zufrieden gewesen, doch man hatte ihm die vielen anderen Bären aufgedrängt, und er konnte sich dem Reiz eines Bären niemals entziehen. "Zeige mir einen Bären, der geliebt und gehaßt wurde, dem ein Arm oder Bein, die Augen oder Ohren fehlen, und schon ist meine Neugier geweckt, und ich will seine Vergangenheit durchleuchten."

Ein anderer von Peter Bulls Bären, der berühmt wurde, war natürlich *Delicatessen*. Er bekam die Rolle des Aloysius in der Fernsehserie *Wiedersehen in Brideshead*. Das war der bemerkenswerte Höhepunkt einer Karriere, die fünfzig Jahre zuvor auf einem Regal eines Lebensmittelgeschäfts in Saco, Maine, begonnen hatte. Als die Ladenbesitzerin Euphemia Ladd sich zur Ruhe setzte, gab sie ihn Peter Bull, und als das Fernsehen einen Bären eines bestimmten Alters und Typs suchte, war Delicatessen genau der richtige.

Peter Bull interessierte sich auch ernsthaft für Astrologie, und er war Teilhaber des esoterischen Fachgeschäftes *Zodiac* (Tierkreis) im Londoner

福

RECHTS: *Ein Kind umarmt seinen Teddybären.*

Stadtteil Kensington. Außer dem klassischen Bully Bären entwarf er für die Firma Nisbet auch eine ganze Bärenfamilie, die, als *Zodiac-Bären* bekannt, je nach ihrem Tierkreiszeichen verschieden gekleidet waren. Sein letztes Buch, das wenige Tage vor seinem Tod erschien, trug den Titel *Die Tierkreis-Bären.*

Sir John Betjeman und Archie

Teddybären-Liebhaber haben die Angewohnheit, für ihre Teddys zu denken und zu antworten. Das gilt auch für Peter Bull. Mit Freude half er seinen Bären, vor allem Theodore, einen Briefwechsel mit anderen Bären zu führen, die ebenfalls ihre Besitzer als Medium benutzten. Der berühmteste von Theodores Brieffreunden war Archibald Ormsby-Gore, den Theodore und sein Begleiter in John Betjemans Haus in Cloth Fair, Smithfield, beim Lunch trafen. Bei dieser Gelegenheit brachte Archie seine theologischen Überlegungen zum Ausdruck, die auch in seinen Briefen stets anklangen:

"Ich denke oft an die Nutzlosigkeit der Menschheit und an das Jüngste Gericht. Alle außer uns strengen und besonderen Baptisten müssen ins Fegefeuer. Das alles kann ich anhand der Bibel belegen."

Wahrscheinlich hat Archie diesen strengen Fundamentalismus erst im Alter entwickelt, da in seinen Kindheitserinnerungen, die in dem Buch *Von Glocken gerufen* festgehalten sind, davon noch keine Rede ist.

In der in Versform verfaßten Autobiographie des Dichters Betjeman hat Archie eine rein menschliche Funktion:

Beschaulich waren jene Abende in der Vorkriegszeit
Als der Feuerschein auf das grüne Linoleum fiel;
Glockengeläute erfüllte den Himmel,
Höher und höher, wie unendliche Sternbilder,
Ich schaute zu Archibald, meinem treuen alten Bären,
Dessen Wollaugen mich traurig oder fröhlich anschauten,
Dessen hohe Stirn ich mit Tränen bedecken konnte,
Dessen sichelförmige Augen mein Vertrauen sahen,
Der mich zum Lachen brachte und mich niemals im Stich ließ.

Diese Zeilen sind zu einer Art Schlüsseltext für den Teddybären-Kult geworden. Peter Bull sagte: "Das trifft es genau, nicht wahr?"

Aber die Verewigung eines treuen Teddybären in Versen ist natürlich selten. Für viele Menschen verkörpert der Teddy nur sentimentale Erinnerungen. Seine Rolle als Freund und Trostspender wird allzuoft vergessen.

Berühmte Teddybär-Sammlungen

Die älteste Teddybär-Sammlung, die es gibt, ist möglicherweise die von Oberstleutnant Robert Henderson aus Edinburgh. Sie besteht aus mehr als hundert Bären und einem großen Sortiment an Teddy-Zubehör.
Der älteste Bär der Sammlung ist *Teddy Boy*. Als Cynthia, die Tochter von Henderson, ihn bekam und ihm einen Rüschenrock verpaßte, wurde er in *Teddy Girl* umgetauft. Dieser Bär ist ein Originalmodell von 1903. Ursprünglich gehörte er Hendersons Bruder, der ein Jahr älter war als der Oberst selbst. Teddy Girl hat den Anspruch, der älteste Teddy Großbritanniens zu sein.

'Colonel Bob', wie Henderson in Kreisen von Teddybär-Sammlern liebevoll genannt wird, predigt seit vielen Jahren, daß Teddybären das Leben der Menschen positiv beeinflussen. Er arbeitete eng mit Jim Ownby in der Organisation Good Bears of the World zusammen und war für die Errichtung der britischen Sektion verantwortlich. Ferner hat er dazu beigetragen, die sogenannte 'Philosophie des modernen Bärenkults' zu entwickeln, indem er den heutigen Kult in Relation zu alten Bärenkulten setzte. 1977 schrieb er in *Bear Tracks,* der Zeitschrift der Organisation Good Bears of the World:

Seit frühester Zeit beanspruchte der Bär einen besonderen Platz in der Folklore, in Mythen, Märchen und Legenden. Für den Menschen verkörpert er sowohl göttliche als auch Naturkräfte. Heute, in der Form des Teddybären, greift man

OBEN: *Ein Bär als Hotelpage von der Firma Schuco. Er wurde vollständig restauriert. Dieser Ja/Nein-Bär wurde in den 20er Jahren hergestellt und stammt aus dem Besitz von Judy Sparrow.*

nach ihm auf der Suche nach seelischem Gleichgewicht und Geborgenheit. Der Grund dafür ist die Funktion des Bären als Symbol für die Befriedigung eines weitverbreiteten seelischen Bedürfnisses. Folglich spielen bei jeder richtigen Erklärung der Mythologie des Teddybären Geschichte, Religion, Philosophie und Psychologie eine Rolle.

Die größten, alle Rekorde brechenden Bärensammmlungen findet man in den Vereinigten Staaten. An der Spitze dieser speziellen Liga steht Matt Murphy, ein Bankkaufmann aus Texas, dessen Sammlung sich auf mehr als 1 300 Stück belaufen soll. Allerdings ist hier das gesamte Bärenzubehör mitgezählt. Murphy hat Exemplare aus 135 Ländern.

In Flushing, Michigan, lebt James Walt, der seinen Freunden als 'Teddy-Baron' bekannt ist, weil er mehr als 250 Teddybären besitzt.

LINKS: *Teddy mit Blechtrommel, ein Modell von Haphenricksen. Er erschien 1983 in limitierter Auflage.*

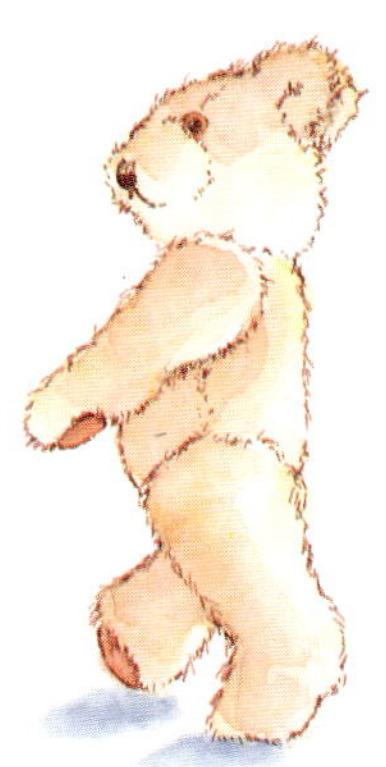

VORIGE SEITE: *Bären auf einem selbstgebastelten Karussel und ein Bär in einer Dose,* Jack-in-the-box-Bär *genannt.*

Vielleicht ist das die größte Sammlung, die nur aus echten Teddys besteht.

Andere Sammler werden sich sicher im Laufe der Zeit um einen Eintrag in die Rekordbücher bemühen. Virginia Walker aus Florida, zum Beispiel, hat ihr Haus *Teddy Towers* genannt, um ihre Sammelleidenschaft zu verdeutlichen. Ihre Sammlung, so wird berichtet, setzt sich aus über 600 Bären der verschiedensten Arten zusammen.

Eine äußerst reizvolle Teddybär-Sammlung hat Patricia Fitt aus Hamden in Connecticut zusammengetragen: eine Gruppe von 74 Miniaturbären, von denen keiner größer als zehn Zentimeter ist. Sie leben in einem Teil des Hauses, der *Bear House Workshop* genannt wird. Dort haben die kleinen Teddybären spezielle Räume für jede Art von Betätigung. Dazu gehören ein Schulzimmer, eine Tischlerei und eine Bibliothek sowie Wohn- und Badezimmer.

Eine vergleichbare Sammlung von etwa hundert Bären mit Wohn- und Arbeitsstätten sind die *Wareham Bears* aus Wareham in der englischen Grafschaft Dorset, die außerhalb der Wintermonate von Teddybärfreunden besichtigt werden können.

OBEN: *Das Titelbild der Wochenzeitschrift* Observer *vom 28. Juli 1985, die Reproduktion eines berühmten Titelbildes der* Picture Post *aus der Vorkriegszeit. Es zeigt die Mutter der englischen Königin mit einem Teddybären.*

Action-Bären und Maskottchen

Es gibt genügend Beispiele für Bären als Begleiter auf Reisen und bei sportlichen Betätigungen wie Bergsteigen oder Fallschirmspringen. Oder sie nehmen als Maskottchen an riskanten Unternehmen teil. Oberst Henderson zum Beispiel hatte während seines Dienstes im Zweiten Weltkrieg stets einen Miniaturbären bei sich. 1965 bestieg ein Bär namens Zissi die Nordwand des Matterhorns, und angeblich ermutigte er seinen Besitzer Walter Bonatti, weiter auf den Gipfel zuzuhalten, als alles bereits aussichtslos schien. Doch das berühmteste Maskottchen ist wahrscheinlich Donald Campbells Mr. Woppit. Er hat seinen Besitzer bei allen Versuchen, auf dem Land und zu Wasser Geschwindigkeitsrekorde zu brechen, begleitet, bis zum tragischen Unfalltod von Campbell. Heute gehört er Campbells Tochter Gina, die die Familientradition der Geschwindigkeitsrekorde fortsetzt. Allgemein ist der Bär ein gängiges Maskottchen in Sportlerkreisen. Ein Beispiel dafür ist Montreal Ted, der das britische Team zu den Olympischen Spielen 1976 in Montreal begleitete.

Der am weitesten gereiste Bär ist *Teddy Edward*. Er reiste vom Himalaya zur Sahara, den Fluß Niger herauf und quer durch die USA. Seine Reisen, die 1962 begannen, wurden von Patrick Matthews mit Bildern dokumentiert und von Mollie Matthews schriftlich festgehalten. Aus diesen Aufzeichnungen sind Bücher und Fernsehendungen entstanden.

Wie zu erwarten, ist der Teddybär im Bereich des Showbusiness, wo Glück einfach dazugehört, ein gängiges Maskottchen. Unter den Sängern hatte Elvis Presley stets einen Bären aus seinen Kindertagen dabei, und nachdem er das Stück *I Just Want to be Your Teddy Bear* aufgenommen hatte, bekam er unzählige Teddybären und Bärfiguren per Post von seinen Fans zugeschickt. Auch die Sängerin Dusty Springfield gibt zu, einen Teddybären zu besitzen, den sie *Einstein* nennt. Weitere prominente Bärenliebhaber sind Margot Fonteyn, Dustin Hoffman und Lynn Redgrave.

Bärenveranstaltungen

Wie man weiß, veranstalten prominente Bärenliebhaber oft Teddybärtreffen und -wettbewerbe. Einerseits können Arktophile bei diesen Treffen ihrer Passion nachgehen, andererseits dienen sie häufig einem wohltätigen Zweck. An der legendären *Great Teddy Bear Rallye and Honey Fair* am 27. Mai 1979 in Longleat nahmen 8 000 Bären teil. Unterstützt vom Marquis von Bath, dessen Bären Clarence und der Organisation Good Bears of the World, wollte man Spendengelder für Dr. Barnados Waisenhäusern aufbringen. 1976 fanden zum fünfzigsten Geburtstag des Bären Pu mehrere Feste in dessen Heimat, der Grafschaft Kent, statt. Zum ersten Fest im Juni wurde der echte Pu extra aus New York eingeflogen (damals lebte er in den Büros von E. P. Dutton, dem amerikanischen Verleger der Pu-Geschichten, seine jetzige Adresse ist allerdings das Kinder-Lesezimmer der öffentlichen Bibliothek in New York). Der britische Verleger von Pu, Methuen, veranstaltete am 14. Oktober 1976 ein Picknick. Pu selbst war jedoch abwesend, er hatte eine andere Verpflichtung. Man hatte sich auf dieses Datum geeinigt, weil es der Jahrestag der Erstveröffentlichung von *Pu der Bär* war, aber

Christopher Milne lehnte es ab, an der Feier teilzunehmen, weil Pu damals eigentlich schon 55 Jahre alt war. Sein Geburtstag ist für Christopher Milne unzweifelhaft der Tag, an dem Pu bei Harrods gekauft wurde.

Auf der ganzen Welt erfreuen sich Veranstaltungen mit Bären großer Beliebtheit. Oberst Henderson veröffentlichte sogar Richtlinien zur Organisation von Teddybär-Veranstaltungen. Bemerkenswert ist deren Präzision. Sie enthalten wichtige Angaben, z.B. wie man Bären sicher transportiert, sie ausstellt, ihren Wert schätzt und wie man sicherstellt, daß sie anschließend wieder zu ihrem rechtmäßigen Besitzer gelangen.

Zum hundertsten Geburtstag des Teddybären im Jahr 2003 wird sich zeigen, was der Rat des Obersten wert ist.

OBEN: *Eine Gruppe selbstgemachter Bären, gestrickt, gehäkelt und aus Filz und Plüsch genäht.*

7

Bärenstarke Sammlerstücke

VORIGE SEITE: *Ein Teddybär als Uhr.*
OBEN: *Ein Teeservice für Kinder mit Bärendekor.*

Sammlerstücke mit Bärenmotiven

Manchmal entsteht der Eindruck, das Sortiment an Schmuck- und Gebrauchsgegenständen mit Bärenmotiven sei unendlich groß. Mit Enthusiasmus richten Teddybärensammler ihr Interesse auch auf diese Dinge, obwohl ein erheblicher Teil der Motive eher wilde Bären als Teddybären darstellt. Vielleicht handelt es sich hierbei um die jüngste Phase des Bärenkults. Die auf dem Markt erhältlichen Stücke sind so zahlreich, daß es unmöglich ist, sie genau aufzulisten. Einige Exemplare haben eine enge Verbindung zum Teddybärfieber, andere interessieren den Teddybärensammler vielleicht nur am Rande.

Wir haben in Kapitel 3 bereits mechanische Bären und Spielzeugbären vorgestellt, deshalb werden wir an dieser Stelle nicht mehr auf sie eingehen. Wir werden Ihnen ein paar Kuriositäten vorstellen, wie etwa den nützlichen Bären-Schirmständer für Arktophile.

Bärenmotive findet man darüber hinaus auf Tintenfässern, Korkenziehern, Gewürzborden, Souvenirs jeder Art (man denke nur an den Berliner Bär, der jedes Souvenir aus der Hauptstadt ziert), Kerzenständern, Schachfiguren, Poesiealben und Buchstützen. Aufmerksame Sammler werden überrascht sein, worauf sie in Antiquitätengeschäften, auf Trödelmärkten und Gemeindefesten stoßen. Doch 'Sonderangebote' sind äußerst selten. Händler sind sich heute darüber einig, daß alle Stücke, die auch nur entfernt etwas mit Bären zu tun haben, den Sammlern sofort ins Auge spingen und gekauft werden. Handgeschnitzte Stücke haben dabei stets einen besonderen Wert.

Als das Teddybärfieber einsetzte, wurde das neue beliebte Motiv schlagartig bei einer Fülle von Produkten verwendet. Bären waren auf Porzellan und auf Teegeschirr für Kinder zu sehen. Elfenbein-Beißringe mit silbernen Bärchen wurden ein beliebtes Taufgeschenk. Es gab Medaillons, Manschettenknöpfe, Fingerhüte, Broschen, Anstecknadeln und Anhänger sowie

OBEN: *Teekanne, Honigtopf und Salz- und Pfefferstreuer in Bärenform.*

eine Reihe von Brett- und Kartenspielen inclusive Puzzles – und nicht zu vergessen die Teddybär-Muffs.

Bereits 1907 druckte der *Boston Sunday Globe* Teddyfiguren mit passenden Kleidern zum Ausschneiden, und andere Zeitungen und Zeitschriften folgten diesem Beispiel. Viele Teddys zum Ausschneiden sind mit viel Phantasie gezeichnet und für den Sammler reizvoll. Oft wurden sie von bekannten Graphikern gestaltet, und existieren zum Teil heute noch.

Das Angebot an Produkten mit Bärenmotiven nimmt weiter zu. Man findet Teddybären auf Geldbörsen, Nachthemden und Wärmflaschen. Es gibt Rucksäcke, die die Form eines Bären haben. Ferner erhält man Kuchendekoration und Christbaumschmuck, Uhren, Keksdosen und selbstverständlich Honiggläser. Und immer größerer Beliebtheit bei den Allerjüngsten erfreuen sich auch Plüschpantoffeln mit Teddy-

gesichtern. Bärenmodelle aus Kunststoff oder Porzellan sind immer erhältlich, und es lohnt sich, auf gelungene Exemplare zu achten. In der Tat bietet sich der gesamte Bereich der vorübergehend mit Teddybär-Motiven angebotenen Artikel dem Sammler an, da die Preise vermutlich steigen werden.

Heutzutage ist es die Regel, daß Dinge von gestern rasch zu Sammlerstücken von heute werden. Ein typisches Beispiel dafür sind Post- und Grußkarten. Kurz nach Erfindung des Teddybären war das Verschicken von Postkarten durch neue Farbdrucktechniken und die Entscheidung der Post, eine besonders günstige Gebühr für Postkarten einzuführen, groß in Mode. Sofort verschmolzen die Teddy- und die Postkarten-Mode miteinander, und seither werden Teddykarten produziert.

Die Sammler von neuartigen Karten und Witzkarten wetteifern natürlich mit den arkto-

OBEN: *Ein Bär als Geldbörse, Deutschland, um 1913. Ein ungewöhnliches Modell mit beweglichen Gliedmaßen und blondfarbenem Fell.*

philen Sammlern um diese Stücke. Als Folge davon steigt natürlich der Wert der schönsten Exemplare und Kartenserien. Auch die Sozialgeschichte, die sich in den Worten auf der Rückseite der Karten widerspiegelt, ist für den Sammler von Interesse, besonders dann, wenn die Mitteilung über banale Grüße hinausgeht.

Die Karten selbst sind für Bären-Historiker von großem Wert, da anhand des Poststempels ihr genaues Alter festgestellt werden kann und weil man sieht, wie die jeweils aktuellsten Bären aussahen. Die Ansichtskarten, die in den zwanziger und vor allem in den dreißiger Jahren für Geburtstagsgrüße verwendet wurden, zeigen schöne Exemplare verschiedenster Bärentypen. Jede Ansichts-, Gruß-, oder Weihnachtskarte, auf der ein Bär zu sehen ist, kann der Teddybärensammler verwerten, und neue Exemplare können einfach aufgehoben werden, bis ihre Zeit gekommen ist.

Zu Beginn des Teddybärfiebers wurden viele Lieder und Musikstücke zum Thema Teddybär für Theater, Varieté oder einfach zur Unterhaltung am Samstagabend komponiert, die man auf dem Klavier zum besten gab. Ein Beispiel dafür ist die Musik, die John W. Bratton 1907 für *Picknick der Teddybären* schrieb. Laut Peter Bull ließen sich zwischen 1907 und 1911 über 40 Titel, die mit dem Wort "Teddy" oder "Teddybär" beginnen, urheberrechtlich schützen. Es gab Märsche, Ragtime- und Boogiemusik, Walzer, Juxtänze, ja ganze Bälle im Zeichen des Teddybären. Es gab Teddys für zu Hause und für unterwegs. Reiseteddys hieß man mit speziellen Liedern bei ihrer Heimkehr willkommen; Hausteddys wurden in den Schlaf gesungen. Auch wenn ein Musikstück heute unbekannt oder vergessen ist, Schallplatten und Notenblätter sind wertvolle Sammlerstücke, auch wenn das Plattencover oft mehr verspricht als die Musik hält.

Beim *Picknick der Teddybären* liegt der Fall etwas anders. Als Instrumentalstück war es eine Zeitlang bei Bands und Unterhaltungsorchestern beliebt, geriet dann aber in Vergessenheit. 1930 schlug ein Londoner Musikproduzent dem aufstrebenden jungen Texter James Kennedy vor, einen Text dazu zu schreiben. Kennedy

Oben: *Ein Bär aus Glas, zwei silberne Bären als Gewürzstreuer und verschiedene Porzellanbären.*

Vorige Seite: *Ein Teddybär-Muff für kleine Mädchen, in den 60er Jahren von der Firma Merrythought hergestellt.*

GANZ OBEN: *Ein Bär als Nußknacker und ein Bär als Verzierung auf einem Aschenbecher mit Streichholzschachtel-Halter, beides in den 20er Jahren im Schwarzwald geschnitzt.*

OBEN: *Eine Auswahl von Abzeichen und Anstecknadeln mit Bärenmotiven.*

sagte zu, und das Lied wurde Teil einer Pantomimeshow im englischen Manchester. Bald darauf, 1932, übernahm der Bandleader Henry Hall das BBC Dance Orchestra und suchte nach geeignetem Material, unter anderem auch nach Kinderliedern. Er arrangierte *Picknick der Teddybären* für eine Radiosendung neu, und die Resonanz war sensationell. Unzählige Menschen baten den Radiosender um eine Wiederholung. Henry Hall verlor keine Zeit und brachte seine eigene 'Neufassung' auf Schallplatte heraus. Bis Henry Hall 1989 91jährig starb, war die Bestseller-Platte stets in irgendeiner Form erhältlich, und angeblich gingen die Verkaufszahlen in die Millionen.

Anders als bei den übrigen, in diesem Kapitel vorgestellten Gegenständen, ist das Sammeln von Teddybär-Schallplatten eine Disziplin für Spezialisten. Die Schallplatten reichen von *Me and My Teddy Bear* bis zu Elvis Presleys Superhit *Let Me Be Your Teddy Bear.* In seinem Film *Der Kamerad* tut Leslie Halliwell den 1957 gedrehten Kinofilm *Gold aus heißer Kehle* als dummen, überladenen Streifen ab. Mit diesem Film wurde jedoch Presleys Lied berühmt. Der überzeugte Bär-Liebhaber wird deshalb gnädig über einige Mängel hinwegsehen, ja selbst darüber, daß das Lied nicht gerade eines der besten von Elvis ist. Seit 1957 ist es für mehrere Presley-Alben neu aufgelegt

worden. Der ernsthafte Sammler wird natürlich versuchen, gut erhaltene, frühe Aufnahmen der Musikstücke ausfindig zu machen.

Die Vermarktung des Teddys

In den vergangenen Jahren ist zunehmend beobachtet worden, daß Produkte auf den Markt kommen, die bekannte Teddybären vermarkten, die vorübergehend von den Medien zu Stars gekrönt wurden. Sie sind Teil einer Werbekampagne, die einen neuen Film, eine neue Fernsehserie oder ein Buch begleitet. Darüber hinaus kann der Besitzer der Urheberrechte einem Hersteller, der in verschiedenen Branchen tätig ist und ein bestimmtes Motiv vermarkten will, das Recht zur Nachbildung geben. Es kann sich dabei um sehr unterschiedliche Gegenstände handeln: Tapeten und Stoffe, Topflappen, Einkaufstaschen, Pyjamas, Nachthemden und Shorts seien hier stellvertretend genannt.

Die Entwicklung reicht bis zu *Pu dem Bären* zurück, der Hersteller zu einer Reihe von

OBEN: *Ein Feuerzeug in Bärenform, ein Bär mit Jungen, ein silberner Bär an einem Beißring und ein Plüschbär als Schlüsselanhänger aus der Schweiz.*

RECHTS: *Dieser Teddybär geht mit der Mode: er liebt Abzeichen, Schlipse und Armbänder. Aus der Sammlung von Barbara und Beneta Brown.*

Produkten inspiriert hat. Dazu zählten im Laufe der Jahre, so Peter Bull, Geburtstagskalender, Briefpapier und vieles mehr. Sehr beliebt sind Kinderkleidungsstücke mit Pu-Motiven, Weihnachts- und Geburtstagskarten, Gartenzwerge, T-Shirts, und neuerdings Taschenrechner. Als die Walt Disney-Filme mit Pu dem Bären anliefen, strömten erneut Artikel auf den Markt.

Nounours' Erscheinen im Fernsehen soll in Frankreich zu einer vergleichbaren Flut von Produkten geführt haben. Unabhängig davon, daß er allgemein den Verkauf von Teddybären ankurbelte, wurden 800 000 Schallplatten und sieben Millionen Postkarten produziert. In Großbritannien übte Paddington einen ähnlichen Einfluß aus, und da seine Verwertungsrechte etwa 200mal verkauft wurden, ist er heute der bestbezahlte Bär der Welt. Es gibt Paddington-T-Shirts, Aufkleber, Pralinen und Marmelade und ein Paddington-Computerspiel. 1983 war er sogar mit der Single *Cross My Paws and Hope to Die* in der Hitparade. Das Lied war aus der Bestseller-Platte *Paddington Bear's Magical Music* ausgekoppelt worden.

Bär-Accessoires

Accessoires für Bären unterscheiden sich kaum von denen für andere Stofftiere oder Puppen, weil Puppenkleider oder sogar ausrangierte Kindersachen ebenso für Bären geeignet sind. "Antike" Bären, die ursprünglich eingekleidet verkauft wurden und ihre Originalkleidung noch besitzen, sind eher selten und sehr wertvoll. Kleidung für Bären, einschließlich Hüte, Unterwäsche sowie Straßenkeidung und Kostüme jeglicher Art, wurde schon kurz nach Einsetzen des Teddybärfiebers hergestellt. Kleidung zum Ausschneiden und Strickanleitungen

LINKS: *Diese Sammlung "antiker" Bären von R. & R. Hill besteht aus sechs verschiedenen Bären aus Harz.*

UNTEN: Ready Teddy Go *ist der Name dieser Bärengeschichte zum Auseinanderfalten; davor Reise-Accessoires mit Bärenmotiven (Tasche, Geldbörse und Taschentuch) und ein Bär zum Ausschneiden.*

für Teddygarderobe gab es allerorts in Mengen und Massen.

Man konnte sogar speziell für Teddys gefertigte Möbel kaufen, zum Beispiel Stühle, Tische und Badewannen sowie Kutschen und Autos, mit denen sie umherfahren konnten. Für Leute, die glaubten, Teddybären müßten noch in gewissem Maße gebändigt werden, gab es Zirkuskäfige und -wagen, Leinen, Halsbänder und Maulkörbe. Miniaturbären fühlten sich in Puppenhäusern recht wohl.

Laut Pam Hebbs lohnt sich für den Arktophilen die Mühe, auf Miniaturausführungen von Hüten, Aktenkoffern, Handschuhen und anderen Dingen zu achten, die den Lieblingsbären noch stilvoller machen. Großen Spaß hat, wer ausprobiert, was sich alles mit alten Brillen, Motorradbrillen, Uhrenketten und ähnlichen Accessoires aus dem Trödelladen machen läßt.

RECHTS: *Bei zwei der drei Bären unterstreicht die Kleidung den 'Charakter' des Teddybären.*

FOLGENDE SEITE: *Bär mit Pullover, Krawatte und Shorts.*

Bären in der Werbung

Die beruhigende Ausstrahlung des Teddybären wird mehr und mehr von Werbefachleuten genutzt. Werbeartikel mit Bärenmotiven, die nicht mehr im Handel erhältlich sind, werden genauso gesammelt, wie alle anderen Dinge, die mit dem Bärenkult zu tun haben. Bären waren Marken- und Warenzeichen des französischen Miederwarenherstellers Buscs à l'Ours. Ein bekanntes Werbeplakat von 1882, also aus der Zeit vor der Geburt des Teddybären, zeigt, wie in einem Geschäft der Firma Bärendamen Miederwaren anprobieren.

Die Strumpffirma Bear Brand Stockings, deren Hauptsitz in Chicago war, benutzte merkwürdigerweise eine Zeitlang einen Grizzlybären als Warenzeichen. Als die Nylonstrümpfe aufkamen, entschied man sich für einen passenderen Werbeträger, und fortan warb *Chad*, ein Chad Valley Bär mit Zylinder und Spazierstock, in Geschäften und Kaufhäusern für die Firmenprodukte. Ein Original-Chad wurde bei Sotheby's für eine stolze Summe versteigert. Das gesamte Werbematerial der Firma Bear Brand Stockings hat hohen Sammlerwert und ist bei Arktophilen heiß begehrt.

Auch das Markenzeichen der Peak Frean Kekse war ein Teddybär-Maskottchen, und es wurde fast sechzig Jahre lang, zum ersten Mal vor Beginn des Ersten Weltkriegs, für Werbezwecke benutzt. Die Lieferwagen der Firma Peak Frean mit ihrem einen Meter großen Bären auf dem Dach gehörten viele Jahre zum Londoner Straßenbild.

1960 stand in Großbritannien ein Bär namens *Cosy* im Mittelpunkt einer Werbekampagne, die für Kohle als Heizmaterial warb. Von der nationalen Kohleunion (National Coal Board) als Teil ihrer Kohlekampagne finanziert, waren Cosys in den Schaufenstern unzähliger Kohlenhändler zu sehen.

Zu den Firmen, die Bären in der Werbung verwendeten, gehörte auch die Bank von Montreal. Wen wundert's, der Präsident der kalifornischen Niederlassung ist kein anderer als Matt Murphy, der Besitzer der größten Teddy-Sammlung der Welt! Die Werbung zeigt einen Banksafe, in dem ein Teddy liegt, und darunter steht "Wohin mit Ihren Wertsachen?"

Bei einer besonders schönen Werbung für Taschenlampen und Batterien der Firma Eveready ist ein kleiner Junge mit einer

Taschenlampe nachts auf einer Treppe zu sehen. Die Lampe strahlt den Teddybären an, den der Junge zum Trost im Arm hält, und über ihm auf die Wand wird der Schatten eines richtigen Bären projiziert. Hierbei kommt deutlich die ambivalente Bärennatur zum Ausdruck, die noch von einem sorgfältig ausgesuchten Zitat aus Shakespeares Geschichtsdrama *Richard III.* untermalt wird:

> *...die Schatten heute nacht*
> *haben Richards Seele mehr Schrecken gebracht*
> *als es zehntausend Soldaten vermögen.*

British Rail, die britische Eisenbahngesellschaft, warb für ihr Familien-Spar-Programm mit der Zeichnung eines kleinen Mädchens, das einen Bären im Arm hält, und Pan American Airlines erfand die Figur *Pierre Panda.* Sie zierte Flugblätter und Broschüren, die während der Flüge an Kinder verteilt wurden. In einer Zeit, in der immer mehr Familien Flugreisen ins Ausland buchten, sollte Pierre Panda jungen Fluggästen die Angst vor dem Fliegen nehmen. Immer schon tauchen Bären auf Bonbon- und Keksdosen und allen Arten von Geschenkpapier auf. Es lohnt sich, Material neueren Datums für die Zukunft zu archivieren. Wenn der Sammler neueres Bärenmaterial aufhebt, wird sich das langfristig bezahlt machen.

Gelegentlich werden Bären bei Werbekampagnen verteilt, um Leute anzulocken. Auch solche Exemplare lohnt es zu sammeln. Für den Sammler von größerem Interesse sind alte Kataloge mit Illustrationen, die von Herstellern herausgegeben und von Geschäften und Kaufhäusern zu Weihnachten verteilt werden. Sie enthalten genaue Informationen zur zeitlichen Einordnung der angebotenen Teddybären, die man anderswo nicht findet. Sie tragen auch zum Grundwissen über Teddybären bei.

Abschließend sollten noch die Bären genannt werden, die eher aufklärerischen als kommerziellen Zwecken dienen. Der bekannteste dieser Bären ist sicherlich *Smockey Bear*, der hinter der Kampagne des amerikanischen Landwirtschaftsministeriums zur Eindämmung von Wald-

OBEN: *Das Markenzeichen der Firma* The Standard Sewing Machine Company *war ein Bär.*

VORIGE SEITE: *Zwei Miniaturbären auf einem Diwan für Puppen. Er wurde als Spielzeug für Königin Viktoria angefertigt.*

OBEN: *Vier Bilder einer Laterna Magica aus der zweiten Hälfte des 19. Jahrhunderts. Sie gehören zu einem Satz Bilder, der die Geschichte* Goldlöckchen und die drei Bären *erzählt.*

bränden steht. Es gibt Gerüchte, daß *Smokey* schon 1902 Symbol der Kampagne wurde und mit Präsident Roosevelts Weigerung, den kleinen Braunbären in Michigan zu erschießen, in Zusammenhang steht.

Smokey erzielte große Erfolge vor allem nach 1953, als die Ideal Toy Company, die damals von Morris Michtoms Sohn Benjamin geleitet wurde, von der US-Regierung das Exklusivrecht erhielt, Smokey als Spielzeugbären herzustellen. Dieses Zugeständnis basierte auf der genialen Idee, daß jedes Kind, das Bären erwirbt, zum ehrenamtlichen Naturschützer (Junior Forest Ranger) ernannt wird und vom Landwirtschaftsministerium ein offizielles Abzeichen erhält sowie Informationsmaterial zu den wichtigsten Vorsichtsmaßnahmen, die in Waldgebieten gegen Brände getroffen werden müssen. Damit wird auf spielerische Weise Verantwortung geweckt. Wer durch Amerika reist, kann sich, wenn er möchte, beim Besuch der Nationalparks Autoaufkleber und Poster mit Smokey-Motiven beschaffen. Darüber hinaus taucht Smokey in Büchern und Comics auf.

8

Kleine Bärenkunde

LINKS: *Im Profil kann man die Nasennaht und die abgewetzte Schnauze dieses Bären gut erkennen.*

Die Wahl des Bären

Wer macht sich auf den Weg, um einen Bären zu kaufen? Natürlich die Eltern! Es ist eine ernste Angelegenheit, für ein Kind einen Bären auszusuchen, der das Kind lange Zeit begleiten soll. Der Hauptgrund für den Teddybär-Kauf ist der instinktive Wunsch, das Kind möge sich, während es heranwächst, in seiner häuslichen Umgebung sicher und geborgen fühlen. Wie beim Kauf eines Haustiers spiegelt sich in der Wahl des Teddybären die Psyche des Käufers wider. Die Auswahl an Bären in den Kaufhäusern und Spielwarenläden war noch nie so groß wie heute, und bei der Wahl des Bären können alle möglichen kulturellen und wirtschaftlichen Aspekte eine Rolle spielen.

Niemand weiß, wie viele Teddybären die Kindheit ihrer Besitzer unbeschadet überstehen und welchen Wert ein bestimmtes Exemplar in fünfzig Jahren einmal haben wird. Eines ist auf jeden Fall gewiß: Sie werden ihre Aufgabe bestens erfüllt haben, wenn sie einfach nur innig geliebt wurden. Diese vornehme Pflicht verlieren einige Sammler manchmal aus den Augen. Ganz andere Gründe als beim Kauf eines Bären für Kinder bewegen Erwachsene dazu, sich selbst einen Bären zu kaufen. Der Ursprung so mancher Bärensammlung liegt in der Begegnung mit einem brandneuen oder "antiken" Bären, den man plötzlich in sein Herz schließt und einfach haben muß. Es soll Leute geben, die einen Bären als Investition betrachten und ihn nur in der Erwartung einer Wertsteigerung kaufen. Doch viel häufiger als man sich vorstellen kann, so fand Peter Bull heraus, wird ein Bär gekauft, um den Verlust eines abhanden gekommenen Bären wiedergutzumachen. Einige Bären kommen bei Unfällen oder Diebstählen abhanden, die Mehrzahl fällt jedoch übereifrigen Entscheidungen von Eltern zum Opfer, die meinen, es sei nun an der Zeit, den Teddy auszurangieren.

Der Arktophile ist erst seit jüngster Zeit in den Reihen seriöser Sammler zu finden. Seine Sammelleidenschaft, die früher als harmlose Exzentrik abgetan wurde, wird längst allgemein akzeptiert, und sie stellt mehr dar als eine gewinnbringende Geldanlage, auch wenn inzwischen in den Auktionshäusern sehr hohe

RECHTS: *Drei Bären in den gängigen Größen.*

FOLGENDE SEITE: *Ein englischer Bär von 1912, bei dem die klassischen Merkmale bereits zugunsten runderer Formen abgelöst worden sind.*

Preise für "antike" Exemplare der Teddybärenzunft gezahlt werden.

Der Arktophile ist weniger ein unbekümmerter Amateur als vielmehr ein gut informierter Spezialist. Die Welt der Händler ist zwar etwas undurchsichtig, doch auch begeisterte Amateure können sich behaupten, sofern sie ihre Hausaufgaben gemacht haben.

Die erste Aufgabe des angehenden Sammlers ist, sich mit den spezifischen Merkmalen und Kriterien vertraut zu machen, die Aufschluß über Machart und Alter eines Bären geben. Ferner muß er wissen, woran man seltene und somit begehrte Bärtypen erkennt. Danach muß er die Entscheidung fällen, ob er ganz allgemein Bären sammeln möchte oder ob er sich auf ein Spezialgebiet beschränken möchte, zum Beispiel auf Miniaturbären, mechanische Bären oder sogar auf jene "Aristrokraten", die vor ungefähr 50 Jahren von der Firma Steiff produziert wurden.

Nie waren die Spezialisierungsmöglichkeiten für Arktophile so groß wie heute. Gewiß muß jeder angehende Sammler sich für das eine oder andere entscheiden, doch am schönsten ist es, sich eine bunte Mischung zuzulegen.

RECHTS: *Ein deutscher Bär, um 1910, mit langen Armen, schmalen Knöcheln und platten Füßen.*

OBEN: *Der gleiche Bär von 1910 im Profil.*

So lernen Sie Ihren Bären kennen

Wie wir gesehen haben, sollte Ihr Selbststudium zwar ernsthaft, aber dem Thema entsprechend mit Freude betrieben werden. Ziel ist es, zu erkennen, welchen Teddy man jeweils vor sich hat. Mit aller Gelassenheit können Sie zunächst einmal Bücher über Teddys lesen, die reich illustriert sind. Durch das zunehmende Interesse an der Sozialgeschichte hat die Zahl der Spielzeug- und Kindermuseen zugenommen. Es gibt sogar einige Museen, die ausschließlich den Teddybären gewidmet sind. Die Mühe lohnt sich, so viele wie möglich davon zu besuchen. Die Museen bieten oft hervorragendes Informationsmaterial oder Kataloge über ihre Sammlungen an. Außerdem verfügen sie über Archive, die Forscher in Sachen Teddybären auf Anfrage besichtigen können.

Man sollte auf jede Bekanntgabe von Puppen- und Bärenauktionen der Auktionshäuser achten. Auktionskataloge sind eine nützliche Informationsquelle, vor allem, wenn man der Auktion selbst beigewohnt hat und die Gebote verfolgt hat. Große Auktionshäuser in London, wie zum Beispiel Sotheby's und Christies, versteigern natürlich nur die seltensten und ausgefallensten Bären der obersten Preisklasse. Wer nicht in diesem Maße in sein Hobby investieren möchte, kann kleinere Auktionen besuchen. Die Preise dort sind niedriger, und die Auswahl an Bären, die unter den Hammer kommt, ist größer und birgt somit mehr Überraschungen. Auf die Beschreibungen in den Katalogen kann man sich jedoch nicht immer verlassen, da im Gegensatz zu den weltbekannten Auktionshäusern nicht immer eigene Teddybär-Experten zur Verfügung stehen. Denken Sie bitte daran, daß bei Auktionen die Bietenden die verantwortungsvolle Aufgabe haben, sich persönlich davon zu überzeugen, daß die Objekte, die versteigert werden, auch wirklich der Beschreibung des Auktionators entsprechen.

Der Markt für Bären ist, wie bereits erwähnt, erheblich gewachsen, auch wenn wir die Arktophilie nicht gerne aus diesem Blickwinkel betrachten. Der Marktpreis für Bären aller Epochen wird auf den Auktionen bestimmt, und es zeichnet sich ein genereller Aufwärtstrend ab. Wenn Sie es schaffen, bei einer Auktion den Bären, den Ihr Herz am meisten begehrt, zu erstehen, denken Sie daran, daß Sie ihn nicht zu einem Sonderpreis, sondern zum marktüblichen Preis bekommen. Sie bezahlen womöglich sogar wesentlich mehr, wenn viele Leute mitbieten, was bei Teddybären häufig der Fall ist. Bedenken Sie auch, daß viele Auktionshäuser den sogenannten Käufer-Zuschlag von zehn Prozent erheben, egal wie hoch geboten wird. Wenn man zu einer Auktion geht, sollte man, streng genommen, immer genau wissen, was der jeweilige Bär wert ist bzw. was man sich leisten kann. Wenn über dieses Limit hinaus geboten wird, muß man die nötige Disziplin aufbringen, um aufzuhören. So verfahren auch Händler, deren Lebensunterhalt davon abhängt, einzuschätzen, ob sich ihr finanzieller Einsatz angesichts des Ladenpreises, den sie später verlangen können, lohnt.

Manche Leute scheuen sich, zu einer Auktion zu gehen, besonders wenn es das erste Mal ist. Wenn allein der Gedanke daran Sie nervös macht, besuchen Sie einfach ein oder zwei geeignete Auktionen, und sehen Sie sich in aller Ruhe an, was dort passiert. Schon bald werden Sie mit den wichtigsten Vorgängen vertraut sein. Es ist ein Gerücht, daß man gegen seinen Willen einen Gegenstand kaufen muß, nur weil man im falschen Moment mit den Augen gezwinkert hat. Ihnen wird auffallen, daß alle Händler und Käufer auf ihre eigene Weise bieten. Sollten Sie ernsthaft die Absicht haben, mitzubieten, studieren Sie sorgfältig die Verkaufsbedingungen des jeweiligen Auktionators. Sie sind im Katalog aufgeführt. Wenn über einen bestimmten Betrag hinaus geboten wird, kann eine Referenz Ihrer Bank verlangt werden. Es ist auch ratsam, sich vor der Versteigerung dem Auktionatoren vorzustellen.

Heutzutage ändern sich die Preise schnell. Deshalb müssen Sie über die allgemeinen Trends auf dem laufenden bleiben. In Großbritannien veröffentlicht die *Lyle Official Antiques Review* einmal im Jahr eine Auswahl an Bären unter Angabe der Preise, die im Vorjahr bei Auktionen erzielt wurden. Die gleiche Redak-

OBEN: *Ein typischer Bär aus den 30er Jahren.*

LINKS: *Derselbe Bär im Profil, ohne Halstuch, um das Gelenk am Hals zu zeigen.*

OBEN RECHTS: *Das Profil des Bären Little Charmer, der auf Seite 118 von vorne abgebildet ist.*

UNTEN RECHTS UND FOLGENDE SEITE: *Bei diesem Chad Valley-Bären aus den 30er Jahren sieht man den Knopf im rechten Ohr. Er verkörpert mit seiner rundlichen Schnauze die weichen Körperkonturen dieser Epoche.*

tion gibt auch regelmäßig den Begleitband *Antiques and Their Values Series: Dolls and Toys* in jeweils aktualisierter Form heraus. Darüber hinaus sind im Fachhandel Preislisten erhältlich, und auch die Presse gibt Aufschluß über Preisentwicklungen. Ab und zu werden Spielzeug- und Bärenmessen veranstaltet. Dort kann der Arktophile kaufen oder verkaufen, sich austauschen und auf dem laufenden halten. Die Preise in Fachgeschäften für antike Spielwaren und Teddys geben weiteren Aufschluß über aktuelle Preistrends. Beachten Sie aber, daß deren Preise auch Reparatur- oder Restaurationskosten enthalten können. Wie der Zustand eines Bären und die Möglichkeiten einer Reparatur zu beurteilen sind, werden wir im nächsten Kapitel behandeln.

Wer einen Bären auf Bären- oder Spielwarenmessen, oder in Fachgeschäften kauft, hat den Vorteil, aus einer Vielzahl von Typen aus allen Epochen wählen zu können. Außerdem besteht die Chance, überraschend einen Bären zu entdecken, der eine Lücke in der Sammlung schließt. Was Rekordpreise anbetrifft, bleiben die Steiffbären die Attraktion der Auktionssäle, doch auch ungefähr 50 Jahre alte britische Bären, wie die der Firma Farnell, Chad Valley oder Merrythought stoßen mittlerweile in die oberen Preisklassen vor, was auf eine erhöhte Nachfrage schließen läßt.

Die Identifikation

Beim Ausbruch des Teddybärfiebers stieg die Zahl der Hersteller in kurzer Zeit gewaltig an. Viele von ihnen verschwanden schnell wieder vom Markt, und ihre Namen gerieten in Vergessenheit. Es gab auch Hersteller, die man aus der Werbung und anderen kommerziellen Kampagnen kannte, deren Bären jedoch nie identifiziert worden sind. Die weitaus meisten Teddys kamen mit einem Etikett oder Warenzeichen, wie z.B. dem Steiff-Knopf, auf den Markt, doch nur ganz selten sind sie erhalten geblieben. Viele wurden vermutlich schon abgelöst, als der Bär gekauft wurde, und der ursprüngliche Besitzer hat ein loses Etikett sicherlich nicht wieder angenäht.

Die Echtheit der Bären wirft deshalb oft Probleme auf. Der angehende Sammler muß viele Aspekte bedenken, wenn er langsam lernt, einen Bären einzuschätzen. Er muß unbedingt mit der Entwicklung des Bärenprofils über die Jahre hinweg vertraut sein. Ferner muß er so viel wie möglich über die führenden Hersteller und die Hauptmerkmale ihrer Produkte in den verschiedenen Epochen wissen. Falls man im Unterschied zu "antiken" auch Bären neueren Datums sammelt, sollte man ebenso die technische Entwicklung in puncto Material und Herstellungsverfahren kennen. Der erste waschechte Bär wurde in den 50er Jahren zum Beispiel von der Firma Wendy Boston Playsafe Toys eingeführt. Produktbeschreibungen der neueren Bären sind natürlich zuverlässiger und leichter zugänglich als alte Dokumente.

Die gesamte Geschichte des Teddybären weist Ungenauigkeiten und Widersprüche auf, und jeder Arktophile hat die Chance, in Archiven zu forschen und neue Fakten ans Licht zu bringen. Es erfordert Erfahrung und gesunden Menschenverstand, das Alter eines Bären und sein Fabrikat zu erkennen. Seit den

20er Jahren wurden britische Bären mit Kapok statt mit Holzwolle gefüllt. Bären mit Synthetikfell und Plastikaugen wurden nach dem Zweiten Weltkrieg hergestellt, bei Bären von bester Qualität werden jedoch nach wie vor Naturstoffe und traditionelle Materialien verarbeitet.

Führende Markenhersteller

Das Profil des klassischen Bären, der allen späteren Entwicklungen zugrunde liegt, wurde bereits im zweiten Kapitel ausführlich beschrieben. Die im folgenden genannten Firmen gehören zu den wichtigsten Markenherstellern von Teddybären. Ihr Beitrag zur Entwicklung des Teddys ist nicht zu unterschätzen.

J. K. FARNELL Farnell war eines der ersten Familienunternehmen, die sich auf die Herstellung von Stofftieren spezialisierten. Es bestand seit 1840. Die Farnells waren im Westen Londons ansässig, bis sie Ende des Ersten Weltkriegs ihre Alpha Works Fabrik gründeten. Manche behaupten, es wäre ein *Alpha-Bär* von Farnell gewesen, den Dorothy Milne für ihren kleinen Sohn bei Harrod's kaufte. Farnell hatte damit begonnen, Stofftiere aus Kaninchenfell herzustellen, doch schon bald stellten sie auf Yorkshire-Plüsch um. Aus der frühen Festlegung auf Plüsch leiten einige Teddybärforscher eine Verbindung zwischen den Unternehmen Farnell und Steiff ab, die jedoch nie belegt werden konnte. Die Farnell-Bären kamen den Steiffbären sehr nahe. Die Firma mußte 1934 schließen, nachdem ein Großbrand die Fabrik zerstört hatte. Zu jenem Zeitpunkt hatte einer der früheren Direktoren, J. C. Janisch, bereits die Shropshire Firm of Merrythought (siehe unten) gegründet.

DIE FIRMA STEIFF Die Firma wurde offiziell 1880 gegründet, nachdem Margarete Steiff ihr Gewerbe schon mehrere Jahre zu Hause betrieben hatte. Es kann gar nicht genug betont werden, wie wichtig es für den Sammler ist, die Steiffbären, d.h. insbesondere die Entwicklung ihrer Körperkonturen seit 1903 und die verarbeiteten Plüsch-Farbtöne und -sorten, zu kennen. Sie setzten den Standard, nach dem alle anderen Bären letztlich beurteilt werden. Ein Experte kann ein Original-Steifftier stets identifizieren, unabhängig davon, ob es den Knopf im Ohr noch besitzt oder schon verloren hat. Intakte Knöpfe und Etiketten bieten eine Menge verschlüsselter Informationen über die jeweiligen Modelle und die verwendeten Materialien. Das Steiff-Museum ist für jeden Teddybären-Liebhaber ein unbedingtes Muß.

CHAD VALLEY Diese Firma wurde im Jahre 1820 ursprünglich als Druckerei gegründet. 1897 bezog sie neue Geschäftsräume im Tal des Flusses Chad Valley am Stadtrand von Birmingham. Erst nach dem Ersten Weltkrieg produzierte die Firma erstmals Puppen und Stofftiere. Sie nutzte die durch den Importstopp für deutsche Waren entstandene Marktlücke. Der Handelsname Chad Valley wurde 1919 eingeführt. Die Herstellung eigener Teddybären verschiedener Größen und Qualität begann 1920. Die ersten *Chad Valley Bären* hatten wie Steiffbären einen Metallknopf, der meistens am Ohr befestigt und mit den Worten 'Chad Valley British Hygienic Toys' geprägt war. Zusätzlich war ein Etikett auf eine der Fußsohlen genäht. Bären von Chad Valley sind hauptsächlich an den Etiketten zu erkennen, die jedoch im Laufe der Zeit immer wieder anders beschriftet wurden. Chad Valley war der Hersteller der kommerziellen Version von Henry Corbetts Bär Sooty.

IDEAL TOY COMPANY Dieses Unternehmen geht auf die Ideal Novelty and Toy Company zurück und ist somit der älteste amerikanische Hersteller von Teddybären. Die Firma wurde 1903 gegründet, um das Teddybär-Original von Morris Michtom möglichst schnell zu vermarkten. Das Identifizieren von *Ideal-Bären* ist leider äußerst problematisch, da die Firma ihre Bären anscheinend nie mit Warenzeichen oder Etiketten versah. Eigentlich sind Ideal-Bären den Steiffbären sehr ähnlich. Doch dem erfahrenen Betrachter werden kleine Unterschiede auffallen. Die Ohren sind häufig sehr groß und weit unten am Kopf befestigt, die Füße laufen spitz zu.

DEAN'S Dean's Rag Book Company Ltd. wurde 1903 in Merton im Süden Londons gegründet und ist der älteste Teddybär-Hersteller, den es heute noch gibt. Neben anderen Spielwaren produziert die Firma Bären im Stil des klassischen Teddys.

VORIGE SEITE: *Ein Bär im Marinelook.*

FOLGENDE SEITE: *Diese beiden Merrythought-Bären stammen aus den 30er Jahren, sind aber vom Typ her ganz verschieden, wie ihre Profile (rechts und ganz rechts) zeigen. Der sitzende Bär hat einen Knopf an seiner linken Schulter, der deutlich auf dem Bild ganz rechts zu sehen ist.*

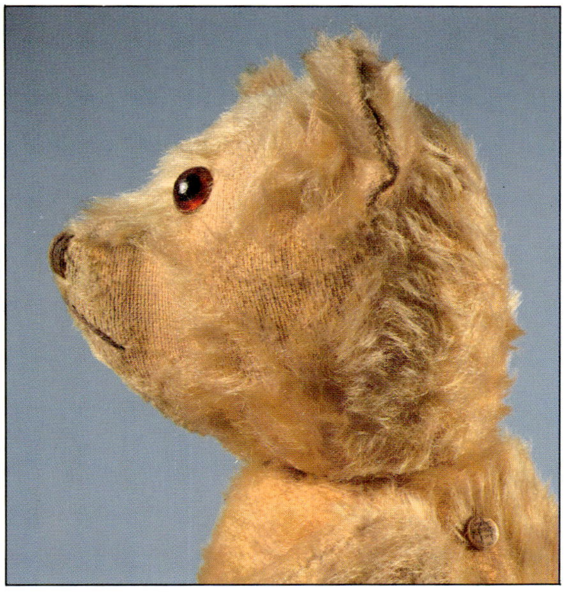

HERMANN Die Firma Hermann, die 1907 speziell zur Fertigung von Bären gegründet wurde, ist nach Steiff der bekannteste deutsche Hersteller von Teddybären. Ein frühes Hermann-Modell ist eine echte Rarität und kaum von Steiffbären zu unterscheiden. Zur heutigen Produktpalette von Hermann gehören traditionelle Nostalgie-Bären, die ihren Kopf zur Seite drehen können, und Spieluhren, die die Melodie von *Picknick der Teddybären* spielen.

SCHREYER & CO. Diese Nürnberger Firma, die seit 1912 besteht, produzierte die berühmten Schuco-Miniaturbären, die Ja/Nein-Bären und die verschiedensten mechanischen Bären. Ihre Geschichte ist in Kapitel 3 nachgezeichnet, ebenso die Geschichte der Gebrüder Bing, dem zweiten bekannten Hersteller von mechanischen Bären, der seine Produkte seit Beginn dieses Jahrhunderts ebenfalls von Nürnberg aus vertrieb.

MERRYTHOUGHT Merrythought ist Handelsname und Warenzeichen einer britischen Firma, die 1930 in der Stadt Ironbridge in Shropshire entstand. Die ersten *Merrythought-Bären* tragen einen Knopf im Ohr. Der wurde jedoch bald durch ein auf die Fußsohle aufgenähtes Etikett ersetzt. Merrythought ging es vor allem darum, traditionellen Yorkshire-Plüsch zu vermarkten. Unterstützt wurde sie von einer Firma, die Mohair sponn und sich gegen die Konkurrenz der Synthetikfasern zur Wehr setzen mußte. Seit Firmengründung bürgt Merrythought für hohe Qualität. In Ironbridge hat die Firma dem örtlichen Museum eine ansehnliche Teddybärsammlung gestiftet, die ein Anziehungspunkt für viele Besucher ist.

Moderne Sammlerstücke

Alle Hersteller von Stofftieren haben Bären in ihrem Sortiment. Es werden viele Bären angeboten, sowohl industriell hergestellte als auch handgefertigte. Für Kinder ist der Bär aufgrund von gesetzlichen Bestimmungen so sicher wie nie zuvor. Für Sammler war die Auswahl noch nie so groß wie heute.

Es ist schon merkwürdig, daß ein Kinderspielzeug so wertvoll werden kann, daß es einem Kind nicht in die Hände fallen darf. Das ist tatsächlich bei Designer-Bären oder Nachbildungen berühmter alter Teddybären der Fall, die nur in begrenzter Stückzahl speziell für den Sammlermarkt produziert werden. Sie sind verhältnismäßig teuer und lassen den traditionellen Sammler eher kalt, so schön sie auch sein mögen. Sie müssen sorgsam gepflegt werden, damit ihr Wert erhalten bleibt oder sogar noch steigt.

Steiff hatte als erster Hersteller die Idee, Nachbildungen von "antiken" Bären auf den Markt zu bringen. 1980 brachte die Firma ihren goldfarbenen Plüschbären in einer weltweiten Auflage von 11 000 Exemplaren aus Anlaß des hundertjährigen Firmenjubiläums heraus. Zum 80. Geburtstag des Teddybären im Jahre1983 gab es z B. einen schönen Steiffbären aus silberfarbenem Mohair. Merrythought schloß sich mit einer Nachbildung des ersten goldfarbenen Bären von 1930 an. Er hatte eine

RECHTS: *Diese Nachbilduung aus dem Besitz von Judy Sparrow entspricht dem traditionellen Bären. Charakteristisch ist der Buckel (unten).*

Brummstimme, und die Auflage, die exklusiv bei Harrod's verkauft wurde, war auf 1 000 Stück begrenzt.

Dieser Bereich des Sammlermarkts wird momentan immer größer. Die Vorstellung, daß der Wert der Bären steigt, da sie aus limitierten Auflagen stammen, läßt diesen Bereich boomen. Jedenfalls hat man mit Bären wesentlich mehr Spaß, und sie erheitern die Seele mehr als viele andere Bereiche der Hochfinanz.

Steiff produziert auch Nachbildungen im Auftrag anderer Firmen, z. B. *Alfonzo* für Teddy Bears in Oxfordshire, England. Von diesem Modell wurden 5 000 Stück angefertigt. Es stellt einen "gebrauchten" Bären dar. Im Mai 1989 erzielte Alfonzo den Rekordpreis von umgerechnet 37 000 DM. Dieser Rekord wurde vier Monate später von einem *Steiffbären* eingestellt, der bei Sotheby's für 170 000 DM unter den Hammer kam.

Alfonzo ist ein kesser kleiner Bär, nur 32 cm hoch und mit einer Hose und einer Jacke im Kosakenstil bekleidet. Doch darüber hinaus profitierte er von seinem romantischen Ursprung. Er hatte der Prinzessin Xenia Georgiewna gehört, einer Cousine des letzten Zaren von Rußland, die zufällig bei der britischen Königsfamilie zu Gast war, als 1917 die Revolution ausbrach. So entkam Alfonzo den Konsequenzen der Oktoberrevolution und lebte fortan in Großbritannien im Exil.

Nicht jeder Sammler hat die Möglichkeit, eine echte "Bärenantiquität" zu besitzen,

Nachbildungen sind sicher eine gute Alternative, den Wert und die Schönheit der Originalarbeiten zu genießen.

Aber nicht alle Bären, die in limitierter Auflage hergestellt werden, sind Nachbildungen. Die Firma House of Nisbet brachte einige Originalausgaben mit jeweils 5 000 Exemplaren heraus. Dazu gehört ein kleiner Peter Bull Bär namens *Bully Minor* und Aloysius alias Delicatessen. Unter den Nachbildungen von Nisbet ist auch ein Ja/Nein-Bär der Firma Schuco zu finden. Ferner seien in diesem Bereich noch die Bären genannt, die Sue Quinn für ihre Firma Dormouse Designs in Schottland entworfen hat. Von jedem Design wurden nur einige hundert Stück produziert.

Selbst Experten können kaum erklären, wie der momentan teuerste Bär der Welt, ein Steiffbär aus den 20er Jahren, auf der Auktion bei Sotheby's im September 1989 seinen sensationellen Preis von 170 000 DM erzielen konnte. Zu dem Ergebnis kam es anscheinend durch zwei gleichermaßen entschlossene, leidenschaftliche Bietende. In Anbetracht eines solchen Sammlerfiebers, müssen wir uns stets daran erinnern, daß es sich hier lediglich um ein Kinderspielzeug und nicht um ein Meisterwerk handelt. Der Sammler sollte auf jeden Fall auch auf Bären achten, die schlicht in Geschäften erhältlich sind. In Großbritannien, den Vereinigten Staaten und anderen europäischen Ländern blühen Industrien, die stilvolle Bären herstellen.

Beim Kauf neuer Bären ist auf Qualität zu achten. Hiermit meinen wir Design und Herstellung gleichermaßen. Es gelten die gleichen Regeln wie bei anderen Sammlerstücken auch: Sie sollten sich im Rahmen Ihrer finanziellen Möglichkeiten bewegen, und der individuelle Reiz eines Stücks sollte über alle anderen Überlegungen gestellt werden. Wenn Sie überlegt kaufen, werden Sie lange Freude an Ihrem Teddy haben, und in ca. 50 Jahren, wenn Ihre Sammlung "antiker" Bären bei Sotheby's versteigert wird, werden Ihre Enkel Ihnen dankbar sein. Denken Sie aber daran, alle mit einem Kauf verbundenen Unterlagen einschließlich Schildchen, Etiketten oder anderes Werbematerial, aufzuheben, da die Stücke interessanter sind, wenn ihre Herkunft belegt werden kann.

Sollten Sie sich dennoch ermutigt fühlen, sich auf die Jagd nach einem echten alten Steiffbären zu begegeben, sollten Sie sich folgende charakteristische Merkmale noch einmal ins Gedächtnis rufen:

Der frühe Steiffbär hat eine spitze, geschorene Schnauze, an deren Ende aus Wollgarn eine Nase und ein umgekehrtes V für den Mund aufgestickt sind. Er hat einen leichten Buckel, lange Arme und große Pfoten und Füße. Die kräftigen Oberschenkel verjüngen sich nach unten hin. Die Füße haben manchmal aufgestickte Krallen bzw. Zehen. Arme und Beine sind seitlich am Körper befestigt und beweglich. Der Kopf kann um 360 Grad gedreht werden. Die Gelenke bestehen aus einem System aus Metallscheiben oder Hartpappe. Das Fell ist meist aus Mohairplüsch. Die natürlich wirkenden Farbtöne reichen von Beige bis Braun. Der relativ harte Körper ist mit Holzwolle oder Sägemehl gefüllt. Und ein wichtiges Erkennungsmerkmal darf, falls es noch vorhanden ist, nicht unerwähnt bleiben: der berühmte 'Knopf im Ohr', das eingetragene Warenzeichen der Firma Steiff. Der Knopf ist entweder unbeschriftet oder mit dem Firmennamen geprägt und besteht meistens aus einer Zinnlegierung.

UNTEN: *Ein Etikett der Firma* Dean's Rag Book, *das sich am Fuß eines Teddy befindet.*

9

Die Restauration des Bären

OBEN: *Ein gut erhaltener mechanischer* Schuco-Bär *aus den 20er Jahren, der auf dem Boden turnt.*

Erste Hilfe für Teddys

Die Umschreibung "viel geliebt" in den Katalogen der Auktionshäuser ist, wenn sie der Beschreibung eines Teddybären dient, eine beschönigende Bezeichnung für "abgenutzt". Wieder müssen wir uns vor Augen halten, daß der Käufer ein Kinderspielzeug erwirbt und kein Kunstwerk. Ein gewisses Maß an Verschleiß ist bei alten Bären unvermeidlich, obwohl man manchmal auf einen Bären stößt, mit dem noch nie gespielt wurde. Um den Zustand eines Bären, den man kaufen möchte, zu beurteilen, braucht man nur ein wenig Übung.

Man kann auf Anhieb sehen, ob der Bär bereits ein wenig restauriert wurde. Wenn Sie bei Auktionen Bären kaufen, die nicht restauriert sind, brauchen Sie einige grundlegende Informationen, damit Sie selbst beurteilen können, was genau getan werden muß, um Erste Hilfe zu leisten. Ein Riß im Stoff kann geflickt und eine magere Füllung erneuert werden. Ein fehlendes Ohr oder Auge kann ersetzt werden, Stickereien kann man auf die richtige Stelle nähen und abgenutzte Fußballen neu überziehen. Keine dieser Ausbesserungen braucht den Amateur zu entmutigen.

Man kann einen Bären auch "überrestaurieren", d. h. es wurde entweder häßliches oder unpassendes Material verwendet, oder die Ausbesserungen verschleiern die ursprüngliche Ausstrahlung des Bären oder verändern die Proportionen des Körpers bzw. der Gliedmaßen. Zum Kapitel Überrestauration zählt auch der Versuch, die Originalfarbe des alten Bären herbeizuzaubern (ein Blick unter die Arme genügt, um sie zu sehen). Durch eine Restauration sollte niemals etwas verdeckt oder korrigiert werden, was Aufschluß über die Vergangenheit des Bären gibt. Wenn sich der Kopf Ihres Bären zu einer Seite neigt oder sein Maul sehr zerknautscht ist oder das Fell teilweise fehlt, gehört das zu seinem Charme, und kein echter Teddybär-Liebhaber würde das vertu-

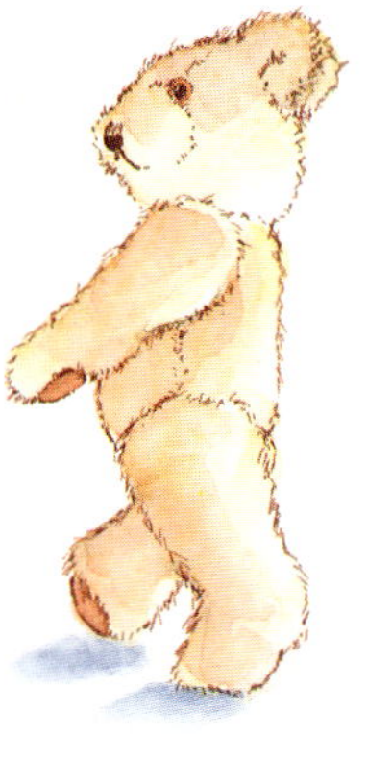

LINKS: *Ein restaurierter Bär mit außergewöhnlich luxuriösem Fell.*

schen. Wird ein überrestaurierter Bär zum Verkauf angeboten, sollte man vom Kauf absehen.

Je weniger Mängel ein Bär aufweist, desto teurer ist er natürlich. "Antike" Bären mit einer noch intakten Brummstimme, zum Beispiel, sind seltener und wertvoller als solche mit defekten Stimmechanismen. Es besteht stets ein bestimmtes Verhältnis zwischen Wert und Zustand, das vom Alter und Fabrikat abhängt.

Was den Kauf anbelangt, kann das Grundprinzip nicht oft genug betont werden: Kaufen Sie, was Ihnen gefällt, zahlen Sie nie mehr als Sie sich leisten können, und sehen Sie den Teddybären stets mit den Augen des Arktophilen und nicht als reines Anlageobjekt.

So werden Bären repariert

Unter welchen Umständen können Sie Reparaturen selbst durchführen, und wann sollten Sie einen Experten zu Rate ziehen? Wenn Sie sich in einem Anflug von Extravaganz einen echten alten Steiffbären gekauft haben, der ein Vermögen gekostet hat, dann versteht es sich von selbst, daß Sie den Rat eines Fachmanns einholen sollten, bevor Sie selbst an ihm herumhantieren. Bei weniger teuren, aber dennoch sehr reizvollen Bären, kann man als Amateur zu Hause recht wirkungsvoll Erste Hilfe leisten.

Im Leben eines Bären sind Flicken so etwas wie Kriegsverletzungen. Sie gereichen dem altgedienten Teddy zur Ehre. Das wichtigste Prinzip beim Flicken ist, wo auch immer es geht altes Material aufzustöbern und neues Material so gut wie möglich dem alten in Farbe und Struktur anzupassen. Falls ein Riß im Stoff geflickt werden muß, kann man sorgfältig einen Flicken darübernähen. Falls die Füllung ausgetauscht werden muß, sollte man stets dieselbe Art von Füllmaterial verwenden, egal ob es sich um Holzwolle, Kapok oder etwas

anderes handelt. (Holzwolle scheint die Bären stabiler zu machen.) Die Fußballen zeigen oft Spuren von Abnutzung, besonders wenn sie aus Filz sind. Benutzt man passenden, dünnen Filz, sollte er auf den alten aufgenäht werden. Muß man den Filz formen, damit er paßt, sollte man ihn vorher vorsichtig über Wasserdampf halten.

Es kommt ziemlich häufig vor, daß im Laufe der Zeit ein Ohr verlorengeht. In diesem Fall, können Sie das andere Ohr vorsichtig abtrennen, um es als Vorlage zu benutzen. Am besten fertigen Sie mit Hilfe der Schablone gleich ein Ohrenpaar an, dann fällt der Unterschied nicht auf. Von dieser "Operation" sollten Sie natürlich absehen, wenn der Patient ein wertvolles Sammlerstück ist. Übriggebliebene Materialien können Sie aufheben. Es empfiehlt sich, alte wie neue Materialien gegen Motten zu schützen.

Die schwarzen Wollstickereien auf Nase, Maul und Pfoten zu erneuern, ist eine der einfachsten Übungen. Augen sind komplizierter, passende Glasaugen sind aber leicht erhältlich, und es ist nicht schwer, sie einzusetzen. Für einen alten Bären, zu dem Knopfaugen gehören, muß man sich die Mühe machen, passende Augen in Antiquitätenläden zu suchen. Hat man sie einmal gefunden, kann man sie leicht an der entsprechenden Stelle annähen.

Es ist ein ernstes Problem, wenn bei einem Bären mit beweglichen Gliedmaßen die Scheiben aus Hartpappe, die sich drehen, um die Glieder beweglich zu machen, den Stoff

UNTEN: *Ein Reparatur-Set für Bären besteht aus Ersatzaugen sowie Scheiben für Kopfgelenk und Gliedmaßen und einer Brummstimme.*

LINKS: *Ein Bär als Schlittschuhläufer.*

RECHTS: *Können Teddybären heranwachsen und wie ihre Besitzer aussehen?*

durchreiben. Dann können Arme oder Beine sich lösen. Falls Sie einen Bären mit diesen Symptomen haben, müssen Sie mit einer kostspieligen Reparatur rechnen. Und falls sich ein Arm oder Bein löst, passen Sie auf, daß es nicht verloren geht.

Bärenpflege

Teddybären locken viel Ungeziefer an. Für Mäuse ist ein "antiker", mit Excelsior Hollzwolle gefüllter Bär eine erstklassige Behausung. Dem Mäusefraß müssen Sie vorbeugen, vor allem wenn Sie den Bären für eine Weile wegpacken möchten. Bären können ferner Milben, Flöhe, Silberfischchen und die gefürchteten Eier und Larven von Motten beherbergen.

Es tut einem neu erworbenen Bären oder einem Bären, den Sie bisher noch nie behandelt haben, gut, den Rat von Pam Hebbs zu befolgen. Sie rät, ihn in einer verschlossenen Plastiktüte für mindestens zwei Tage in die Tiefkühltruhe zu legen. Wenn Sie ihn wieder herausnehmen, können Sie ihn mit einem Fön (nicht zu heiß!) trocknen und sein Fell vorsichtig bürsten. Gegen weitere Attacken empfiehlt sich ein Mottenschutzmittel.

Bären sind Staubfänger und sollten ab und zu gebürstet werden. Benutzen Sie für Ihre Bären eine besondere Bürste, weil menschliche Haarsubstanzen den Plüsch- und Mohairfasern nicht bekommen. Die Bürste sollte feste, aber keine rauhen oder kratzenden Borsten haben. Man kann, so Pam Hebbs, Bären mit mildem, eventuell verdünnten Shampoo waschen, das man mit einer Nagelbürste in kreisenden Bewegungen im Fell verteilt. Hat man den Bären mit einem weichen Handtuch abgetrocknet, wiederholt man den Vorgang mit lauwarmem Wasser.

LINKS: *Das höchste Lob für einen Teddybären ist die Zuneigung eines Kindes.*

Frottieren Sie den Bären ein zweites Mal, und trocknen Sie ihn bei niedriger Temperatur mit einem Fön. Derweil bürsten Sie ihn behutsam.

Feuchtigkeit und Licht sind die gemeinsamen Feinde der Arktophilen und der Kunstsammler, da sie Bären im gleichen Maße wie Bildern schaden können. Die Schäden durch Feuchtigkeit sind eindeutig, aber Licht kann die Farbpigmente des Stoffs ausbleichen (bei alten Bären ist das sicher schon passiert), und direkte Sonneneinstrahlung beschleunigt den Verfall von natürlichen Fasern. Bären sollten in Zimmern mit normaler Temperatur und Feuchtigkeit an einem schattigen Platz bleiben. Sie müssen Ihre Bären auch vor den anderen Familienmitgliedern schützen, besonders vor Haustieren, die ihn als bequemes Kissen betrachten könnten.

Und bringen Sie stets Ihre Lieblingsbären und wertvollen Exemplare außer Reichweite, wenn Freunde mit kleinen Kindern Sie besuchen. Sobald die Kinder die Bären erblicken, erwarten sie, daß sie mit ihnen spielen dürfen. Und die Eltern erwarten von Ihnen, daß Sie das den Kindern erlauben – vermutlich mit den schlimmsten Folgen.

Wenn Sie häufig junge Familien zu Gast haben, wäre es gut eine Sammlung zweiter Wahl speziell zum Spielen oder anderes Spielzeug als Ersatz zur Verfügung zu haben, um jeglichen Problemen aus dem Weg zu gehen.

Die Versicherung ist die letzte Vorsorge, die zu treffen ist. In allen Bereichen steigen die Sammlerwerte, und Sie sollten mit ihrem Versicherungsagenten oder -makler überprüfen, ob man Ihre Sammlung bei Ihrer Hausratsversicherung gesondert auflisten muß. Dies ist mit Sicherheit eine kluge Sicherheitsmaßnahme, wo doch der Wert eines einzigen Bären heutzutage ins Unermeßliche steigen kann.

Der Tanzbär

Ein Tanzbär war der Kett' entrissen,
Kam wieder in den Wald zurück,
Und tanzte seiner Schar ein Meisterstück
Auf den gewohnten Hinterfüßen.
"Seht", schrie er, "das ist Kunst; das lernt man in der Welt.
Tut mir es nach, wenn's euch gefällt,
Und wenn ihr könnt!" Geh, brummt ein alter Bär,
Dergleichen Kunst, sie sei so schwer,
Sie sei so rar sie sei,
Zeigt deinen niedern Geist und deine Sklaverei.

Gotthold Ephraim Lessing

REGISTER

Kursive Seitenzahlen verweisen auf Illustrationen

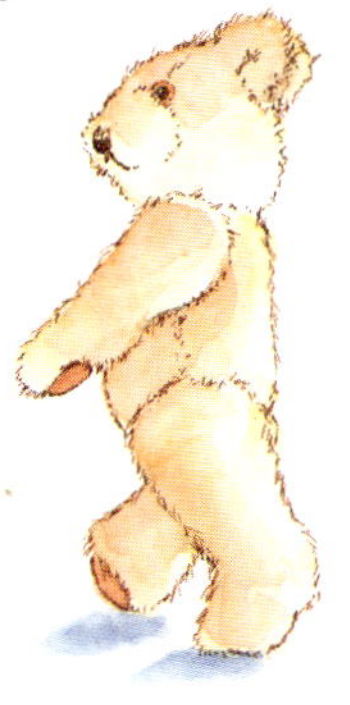

E

F

G

H

I

J

K

L

M

N

O

P

Q

R

S

T

U - V

W

X

Y

Z